Album

DES

Evolutions de Ligne.

2me ÉDITION.

Imprimerie Lithographique de BLOT,

Place de l'Hôtel de Ville, 35.

Paris.

ALBUM

DES

ÉVOLUTIONS DE LIGNE

PARIS

P.-A.-F. BLOT

CHEVALIER DE LA LÉGION-D'HONNEUR

IMPRIMEUR-LITH. ET LIBRAIRE-ÉDITEUR POUR L'ART MILITAIRE

PLACE DE L'HOTEL-DE-VILLE, 33.

1848

AVANT-PROPOS.

Pour me rendre compte des changements apportés aux anciennes ordonnances sur les évolutions de ligne et pour m'en faciliter l'étude, j'ai tracé des tableaux synoptiques qui rendent chaque mouvement sensible à l'œil, en reproduisant avec exactitude les formules des commandements de l'ordonnance de 1831, ainsi que les règles à suivre pour les exécuter.

Quelques officiers ont vu ce travail. Ils ont pensé qu'il pourrait aider et surtout abréger l'instruction. Moi-même, témoin, pour ainsi dire, chaque matin des progrès que toutes les légions de Paris, sous les ordres d'un des premiers tacticiens de notre âge, j'ai pu croire qu'elles retrouveraient avec plaisir, dans cet Album, les évolutions qu'elles exécutent de jour en jour avec plus de précision.

Heureux de compter quelques vrais amis dans la garde nationale de Paris, j'ai cédé au désir qu'ils ont manifesté de me voir publier cet Album, dans l'espérance qu'il ne serait pas sans fruit pour tant d'hommes que j'aime et que j'honore. Ce n'est donc pas un livre que je soumets à leur critique, c'est un essai pour lequel je trouverais doux d'obtenir leurs suffrages. Qu'il puisse leur être de quelque utilité, c'est là mon seul désir et son seul mérite.

LE COLONEL, COMMANDANT MILITAIRE DU PALAIS DES TUILERIES,

Ph. Gilbert

PRINCIPES GÉNÉRAUX

ET DIVISION DES

ÉVOLUTIONS DE LIGNE.

Les ÉVOLUTIONS DE LIGNE se divisent en cinq parties comme l'ÉCOLE DE BATAILLON.

Les bataillons seront placés de la droite à la gauche par ordre de numéro.

L'intervalle qui doit les séparer, en bataille ou en ligne, sera de 16 mètres ou 24 pas, quelle que soit la disposition particulière de chaque bataillon; distance entière, demi-distance ou en masse, en colonne à distance entière, ils auront distance de subdivision, plus 24 pas; à demi-distance, ils auront distance de peloton et en masse, 9 pas mesurés d'un guide à l'autre.

En bataille, le commandant en chef n'a pas de place fixe, devant se porter partout où sa présence est nécessaire.

Les commandements généraux seront répétés avec rapidité par les chefs de bataillon; aussitôt après et sans se régler les uns sur les autres, ils feront exécuter les commandements préparatoires qui doivent précéder l'exécution du mouvement général.

Le commandant en chef fait toujours le commandement qui détermine cette exécution.

L'adjudant-major dirige les guides dans la marche en colonne comme dans les formations successives.

Pour déterminer la ligne de bataille, il place les jalonneurs qui font toujours face au point d'appui, et ce point assuré, il veille à la bonne direction des guides qui se portent successivement sur la ligne de bataille.

Dans les changements de direction par le flanc de la colonne, quand les bataillons ne sont pas subordonnés, les bataillons se font face; mais dans une colonne serrée qui doit déployer face à gauche, ou par inversion face à droite, le bataillon sur lequel on a pris les distances devient bataillon de direction; les jalonneurs de ce bataillon se font face, tandis que les adjudants-majors des bataillons subordonnés placent les leurs sur la ligne de bataille faisant face à ceux du bataillon de direction.

Les bataillons déployés s'alignent au moyen des drapeaux des guides généraux et guides. Les jalonneurs suffisent pour aligner des bataillons en masse.

Dans le déploiement d'une colonne la droite en tête, par bataillon en masse, face en avant, le bataillon sur lequel on déploiera se portera sur les jalonneurs, guide à gauche, et les bataillons subordonnés prendront le guide du côté du bataillon de direction; mais si ce mouvement s'exécutait sur le premier bataillon ou le dernier, l'alignement aurait lieu du côté du point d'appui (*voyez les planches* 22, 23 *et* 24).

Le nouveau réglement veut que le chef de la première subdivision de chaque bataillon dans le cas ci-dessus, après avoir aligné à droite ou à gauche, se porte à la droite de sa subdivision; cette règle n'est applicable qu'au chef de la première division. Si elle marchait face par le troisième rang, le chef de la quatrième division, devenue première, se porterait à la gauche de sa division.

Si une ligne de bataillons en masse doit se porter en avant, le commandant en chef désignera un bataillon de direction qui aura son guide à gauche. Le chef de la première division de ce bataillon et ceux des bataillons de la droite resteront à leur place, c'est-à-dire à droite; mais ceux de la gauche qui prennent le guide à droite se porteront légèrement à la gauche de leur division et laisseront ainsi le guide de droite sous la direction de l'adjudant-major (*voyez la planche* 31). Si on marchait par le troisième rang, ce principe serait applicable au chef de la quatrième division. Il est bien entendu que le guide qui se trouve du côté où vont se placer les chefs de division restent au troisième rang ou au premier rang devenu troisième.

L'ordonnance de 1831 veut considérer une ligne de bataillons en masse comme une ligne de pelotons en bataille, à la distance près, et le commandement général suivant en donne un exemple : *Par bataillon à droite.* — Chaque chef de bataillon, après avoir répété ce commandement, fera changer de direction par le flanc gauche, fera aligner à droite, et marchera ainsi, guide à droite, si la colonne doit se porter en avant. Ce principe, de prime abord, paraît contraire aux règles générales; cependant, avec un peu de réflexion, on verra qu'il est juste. En effet, si lorsque vous marchez en colonne par peloton ou par division, la droite en tête, le guide de gauche doit vous servir de base d'alignement pour vous former à gauche en bataille; lorsque vous êtes par bataillon en masse. vous devez au contraire conserver le guide à droite, puisque c'est là que se trouve votre pivot d'alignement, pour vous déployer face à gauche en bataille.

Par la même raison, lorsque vous rompez la ligne par bataillon à gauche, vous conservez le guide à gauche, quoique vous ayez alors la gauche en tête.

Si la ligne rompue devait serrer en masse, n'importe sur quel bataillon, alors la colonne prendrait le guide dans l'ordre naturel, c'est-à-dire à gauche, la droite en tête; à droite, la gauche en tête.

Ainsi donc, en portant un peu d'attention aux planches 25 et 32, on n'aura plus d'incertitude sur le commandement général, qui, par sa brièveté, rend l'exécution plus prompte et plus sûre.

Les planches 34, 35 et 36 donnent toutes les explications de l'ordonnance sur les inversions.

Dans le mouvement *en avant en bataille* on verra que les bataillons qui prennent la diagonale pour se porter en colonne sur la nouvelle ligne ne tournent pas sur leur guide ; ils en changent pour converser. Cette observation est particulière à ce mouvement, qu'il s'opère en avant, en arrière ou sur le centre (*planche* 11).

Il n'en sera pas de même dans les changements de front sur une ou deux lignes, en avant ou en arrière; les colonnes doubles tournent toujours du côté du guide et ne conversent pas (*voyez les planches* 43 et 44). En général, dans les changements de front sur une ou deux lignes, lorsque le premier commandement aura été répété, le bataillon qui sert de base exécutera immédiatement ; si le changement est central, les deux bataillons exécuteront de même (*voyez la planche* 45).

Le but du passage des lignes est de renouveler la ligne par des troupes fraîches ou bien par celles qui se sont reformées en ordre sur les derrières; chaque bataillon de seconde ligne, soit dans l'ordre en avant, soit dans l'ordre en retraite, se formera en colonne double serrée en masse.

Il est établi, en règle générale, que les mouvements de flanc se font l'arme au bras, et au port d'armes dans la marche en bataille et les conversions. Cependant, dans la marche en bataille, on a toléré l'arme sur l'épaule droite. Cette disposition est bonne, elle donne une grande facilité pour marcher longtemps en bataille sans fatiguer le soldat.

Quelques-unes des planches placées à la fin de l'Album renferment des manœuvres ou évolutions qui ne se trouvent pas l'ordonnance; elles peuvent cependant être utiles en plusieurs circonstances, c'est ce qui en a déterminé la publication.

Chaque planche réunit tous les principes relatifs aux mouvements qu'elle représente.

TABLE DES MATIÈRES

DE L'ALBUM DES ÉVOLUTIONS DE LIGNE.

Ordre en bataille.

Lorsqu'un régiment est en bataille, le colonel se placera à 50 pas en arrière du centre du régiment avec le lieutenant-colonel et le major.

Les chefs-de-bataillon, à 30 pas du rang des serre-files, derrière le centre de leur bataillon.

L'adjudant-major et l'adjudant, à 8 pas en arrière des serre-files, le premier, vis-à-vis le centre du demi-bataillon de droite; le second, vis-à-vis le centre du demi-bataillon de gauche.

Le tambour-major, à la tête des tambours du premier bataillon, à 20 pas du rang des serre-files, derrière le centre du cinquième peloton; la musique, à 2 pas, derrière les tambours.

Les sapeurs, sur deux rangs, leur gauche à 4 pas de la droite du premier bataillon.

Huit caporaux forment la garde du drapeau, qui est au centre du deuxième bataillon.

LE CAPITAINE,

A la droite de son peloton.

LE LIEUTENANT,

Chef de la deuxième section en serre-file au centre de sa section.

LE SOUS-LIEUTENANT,

Derrière le centre de la première section.

LE SERGENT-MAJOR,

Derrière la deuxième section, à la gauche du lieutenant.

1er SERGENT,

Sous-Officier de remplacement.

2e SERGENT,

Derrière la gauche de la 2e section (dans le huitième peloton, il encadre le bataillon).

3e SERGENT,

Derrière la droite de la deuxième section.

4e SERGENT,

Derrière la gauche de la première section.

LE FOURRIER,

Derrière la première section à la droite du sous-lieutenant.

LES GUIDES GÉNÉRAUX,

Derrière la droite et la gauche du bataillon.

LES CAPORAUX DANS LES RANGS.

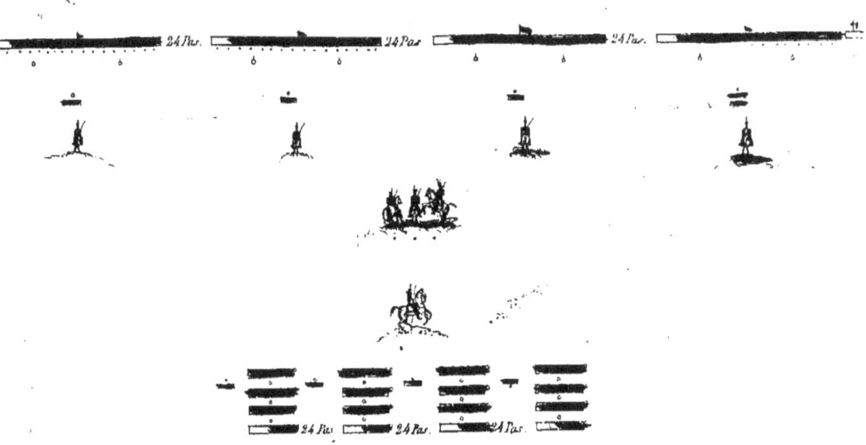

Ordre en colonne.

On a prescrit de prendre entre les masses distance de division, plus 6 pas, afin que la colonne étant déployée par bataillon en masse, les bataillons soient séparés par un intervalle de 24 pas.

Distance d'une colonne serrée par bataillon en masse, pouvant se déployer face à gauche, ou face à droite par inversion.

Le colonel, à 25 pas en dehors des guides, à hauteur du centre du régiment.

Les adjudants, à 4 pas en dehors des guides.

Chaque chef de bataillon, à 15 pas en dehors des guides, à hauteur du centre du bataillon.

Les tambours, au centre du bataillon, du côté opposé au guide.

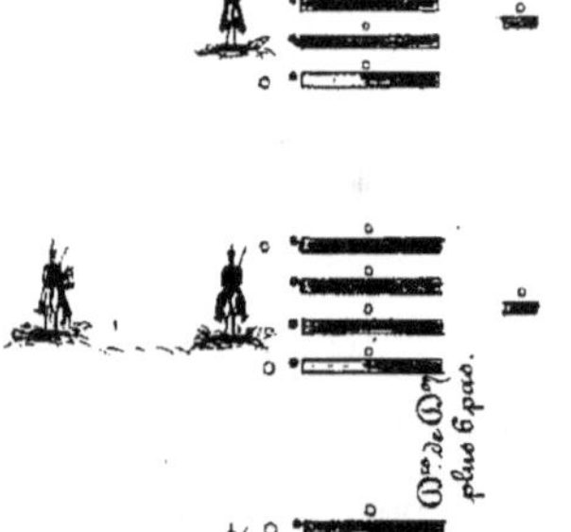

Distance d'une colonne serrée en masse

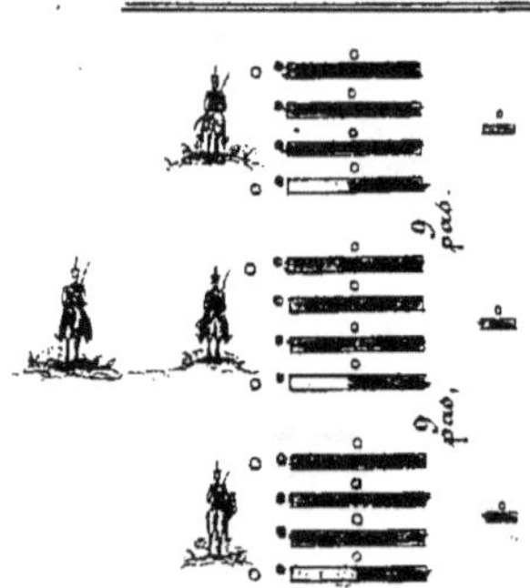

Le roulement remplaçant le commandement de *garde à vous*, le commandant en chef en fera faire un très-court, après lequel les chefs de bataillon commanderont : *Bataillon.*

Le commandant en chef fera porter les armes comme à l'École de Bataillon, n° 20, fera sortir les drapeaux et guides, ou fera rectifier l'alignement par les chefs de peloton, si cela est nécessaire.

1° Garde à vous, pour ouvrir vos rangs.

Ce commandement répété, les chefs de bataillon commandent : *En arrière, ouvrez vos rangs.*

2° MARCHE.

A ce commandement vivement répété, on exécutera comme à l'École de Bataillon, n° 9. L'alignement terminé, le chef de bataillon commandera : *Fixe.*

1° Serrez vos rangs.

2° MARCHE.

Ce commandement répété, on exécutera comme à l'École de Peloton, n° 32.

Le maniement des armes ne sera jamais exécuté en ligne; cependant dans la réunion de peu de bataillons, il pourra avoir lieu, si le commandant en chef le juge à-propos, en suivant l'ordre prescrit à l'École de Bataillon, n° 20.

Les officiers placés dans les rangs resteront face en tête, au port de l'épée, sans l'abaisser, pendant tout le maniement des armes. Les sous-officiers, dans les rangs, resteront également face en tête, mais reposeront leurs armes au deuxième mouvement du maniement des armes.

1° Garde à vous pour charger vos armes.

Ce commandement sera répété.

2° Chargez vos armes.

Ce commandement sera répété, et on exécutera la charge à volonté comme à l'École de Peloton, n° 48.

Les officiers et sous-officiers, dans les rangs, font un demi à droite au premier temps de la charge et reviennent face en tête au septième.

1° Feu de peloton.

Ce commandement ayant été répété, le commandant en chef commandera :

2° Commencez le feu.

Et on suivra l'ordre prescrit à l'École de Bataillon, n° 31.

Feu de demi-bataillon.

Comme à l'École de Bataillon, n° 37.

Feu de bataillon.

En suivant le même ordre pour les bataillons que pour les pelotons (Ecole de Bataillon, n° 33).

Feu de deux rangs.

Comme à l'École de Bataillon, n° 40.

Face par le troisième rang.

Ce commandement répété, les chefs de bataillon commandent : *Bataillon, demi-tour à droite*, et on exécutera ainsi tous les feux.

Face par le premier rang.

Le commandant en chef voulant faire reposer la ligne, commandera :

1° Garde à vous pour reposer.

Ce commandement ayant été répété, le commandant en chef commandera :

2° Reposez=vous sur vos armes.

3° Formez les faisceaux.

Ce qui s'exécutera par file.

Pour reprendre les armes, on rompra les faisceaux dès que le roulement aura cessé, et ensuite, chaque chef de bataillon commandera : *Bataillon*.

Ployer la ligne en colonne serrée.

Ce mouvement s'exécutera la droite ou la gauche en tête; sur une division de la tête, sur une de la queue, comme sur le centre; en prenant de préférence pour division de direction, celle de droite, ou celle de gauche du bataillon sur lequel le mouvement devra s'effectuer.

Les bataillons qui se massent pour prendre rang dans la colonne, la droite en tête, auront toujours le guide à gauche; et le guide à droite, dans les mouvements inverses.

1° Colonne serrée par division.

2° Sur la quatrième division du deuxième bataillon, la droite en tête en colonne.

Ce commandement répété, les chefs des premier et deuxième bataillons commanderont : *Bataillon à gauche;* ceux des troisième et quatrième : *Bataillon à droite,* et feront déboiter en avant et en arrière.

3° Pas accéléré = MARCHE.

A ce commandement vivement répété, les bataillons de droite se ploieront de pied ferme en avant de leur quatrième division, et ceux de gauche, en arrière de leur première, au commandement de *Bataillon en avant—Guide à gauche—MARCHE,* et entreront diagonalement dans la colonne, conformément aux art. 87 des Évolutions de ligne, et 91 de l'École de Bataillon.

Le mouvement terminé, les chefs de bataillon de droite commanderont : *Guides demi-tour à droite.*

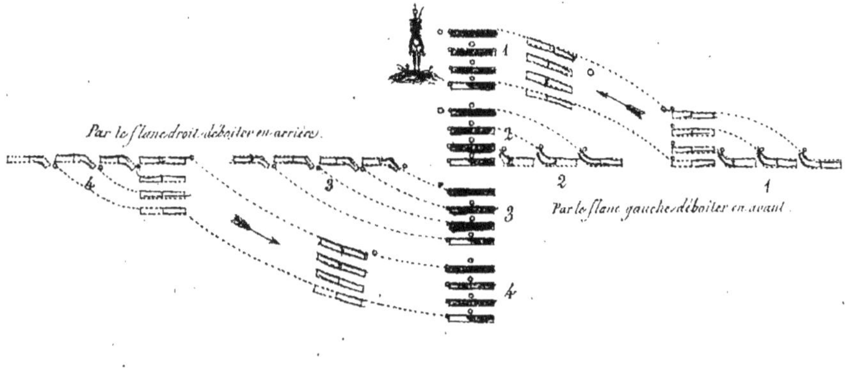

Serrer la colonne à demi-distance ou en masse.

(Les distances seront toujours mesurées d'un guide à l'autre : la séparation des bataillons serrés en masse sera de 9 pas, et celle des subdivisions sera de 6 pas.)

Serrer la colonne sur le peloton de la tête.

1° En masse serrez la colonne, ou à distance de peloton serrez la colonne.

(On suppose ici le mouvement par division.)

Ce commandement ayant été répété, le commandant en chef commandera :

2° Pas accéléré = MARCHE.

A ce commandement vivement répété, le chef de la première division l'arrêtera et l'alignera à gauche ; les autres divisons serreront sur la première, et dès qu'elles auront leurs distances, elles seront arrêtées et alignées à gauche. Ce mouvement s'exécutera de pied ferme comme en marchant, et par les mêmes commandements ; dans ce dernier cas, la première division ne bougera pas.

On serrera à demi-distance comme en masse, sur une division du centre ou de la queue ; mais alors on indiquera, dans le commandement général, la division ou le peloton sur lequel on veut serrer.

Les divisions qui dans ce cas doivent faire demi-tour, seront arrêtées successivement, remise face en tête, et alignées par les chefs des divisions qui se seront portés sur le flanc de la colonne au commandement : *Chef de pelotons (ou de divisions) sur le flanc de la colonne*, qui sera fait par chaque chef de bataillon, au moment où la dernière division du bataillon qui le précède n'a plus que quelques pas à faire pour arriver à sa distance.

Les chefs des subdivisions du bataillon sur lequel on serre, se porteront sur le flanc de la colonne au commandement de *Guide à droite* du chef de bataillon.

Dans les mouvements par bataillon, lorsqu'un bataillon en masse serrera sur un bataillon de la tête, de l'intérieur ou de la queue, le chef de bataillon l'arrêtera lui-même, car alors, le mouvement n'est successif qu'à l'égard des bataillons.

Ce mouvement s'exécutera par les mêmes principes, lorsque la colonne sera formée par pelotons.

Changement de direction en marchant d'une colonne serrée en masse.

Le commandant en chef l'arrêtera et ensuite commandera :

1° Pour changer de direction à droite (ou à gauche) ;

2° Par bataillon en masse par la tête de la colonne, prenez vos distances.

Ces commandements ayant été répétés, le chef du premier bataillon le mettra en marche en prenant le guide du côté opposé à celui sur lequel se fait le changement, et dans cet exemple, il commandera : *Colonne en avant, guide à gauche (ou à droite)—marche.* Et lorsque le bataillon est arrivé au point indiqué par les jalonneurs, il fera changer de direction par le front des subdivisions, en commandant : *Bataillon à droite* (ou à gauche) *conversion—marche, en avant—marche.*

Le chef de chacun des autres bataillons après avoir fait porter les armes, se met en marche à mesure qu'il y a 40 pas de distance entre sa première division et la dernière du bataillon qui le précède, et le fait changer de direction au même point et de la même manière que le premier.

Si c'est à gauche que la colonne doit changer de direction, le guide sera pris à droite, et la conversion aura lieu à gauche.

Dès que la première division du premier bataillon aura parcouru, dans la nouvelle direction, une distance égale à la profondeur de la colonne serrée en masse, le commandant en chef mettra le guide à gauche et fera serrer en masse.

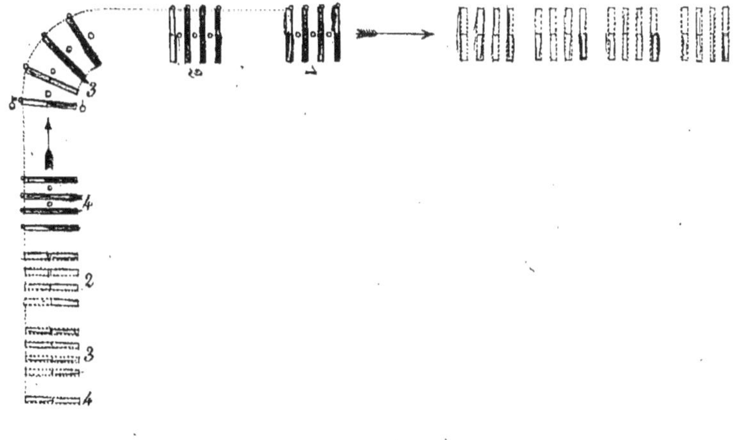

N° 8. TROISIÈME PARTIE, N° 176.

Changement de direction d'une colonne serrée en masse,

qui se trouve encore éloignée du point du changement.

Il n'y a pas de commandement général ; ce mouvement s'exécute par la tête de la colonne, en donnant successivement au premier guide de nouveaux points plus à droite ou plus à gauche, et gagnant ainsi peu à peu, la nouvelle direction. Le guide sera toujours du côté du changement, s'il n'y est déjà.

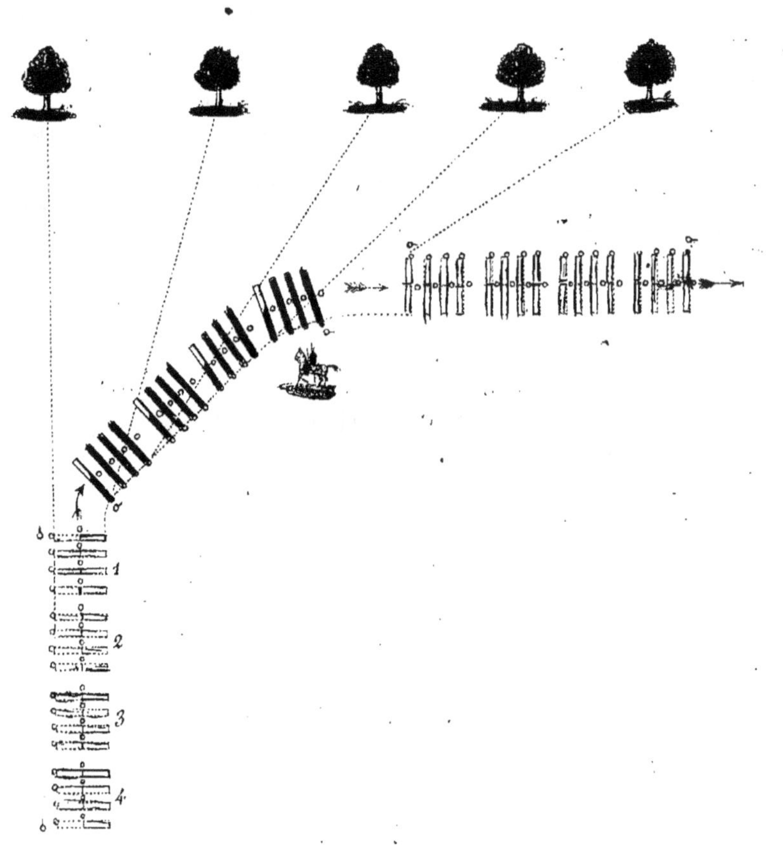

Changement de direction de pied ferme d'une colonne serrée en masse.

Lorsque le commandant en chef voudra la porter sur une nouvelle direction, et qu'elle devra y rester, il lui fera exécuter ce mouvement par le flanc des subdivisions. Après avoir fait établir deux jalonneurs sur la nouvelle direction, il commandera :

1° Changement de direction par le flanc droit.

Ce commandement répété, chaque chef de bataillon commandera : *Bataillon à droite.*

2° Pas accéléré = MARCHE.

A ce commandement, le premier bataillon se conformera à l'article 252 de l'École de Bataillon, et les autres se dirigeront, *guide à gauche,* sur la nouvelle direction, en conservant les 9 pas qui doivent séparer les bataillons les uns des autres.

Ce mouvement s'exécutera par le flanc gauche en employant les moyens inverses.

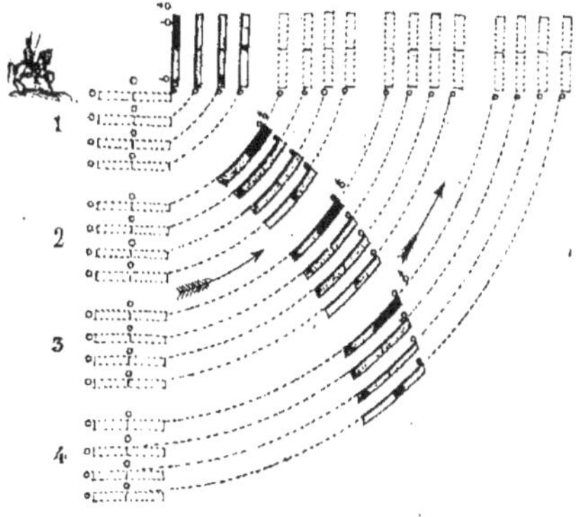

Étant en colonne à demi-distance ou en masse,

prendre les distances

Par la tête de la colonne prenez les distances.

Ce commandement ayant été répété, le premier peloton du premier bataillon se mettra en marche au pas accéléré, le guide à gauche, et les autres suivront successivement dès qu'ils auront leur distance, ainsi qu'il est prescrit à l'École de Bataillon, n° 260. Chaque bataillon commencera son mouvement lorsqu'il aura l'intervalle de 24 pas, plus, le front d'une subdivision.

Prendre les distances sur la queue de la colonne.

1° Sur le dernier peloton du dernier bataillon prenez les distances.

Ce commandement sera répété par les chefs de bataillon, qui commanderont : *Colonne en avant, guide à gauche;* à ce commandement, les chefs de peloton du dernier bataillon se porteront sur le flanc de la colonne.

2° Pas accéléré. = MARCHE.

A ce commandement, toute la colonne, hors le peloton de direction, se mettra en marche; l'adjudant-major du premier bataillon aura soin de diriger le guide de la tête un peu en dedans de la ligne de bataille. Le dernier bataillon prendra ses distances comme il a été prescrit, n° 276, de l'École de Bataillon, et lorsque le chef de l'avant-dernier verra qu'il ne reste plus qu'un seul peloton du dernier qui n'ait pas sa distance, il commandera : *Chefs de peloton sur le flanc de la colonne.* Les autres bataillons exécuteront successivement.

Prendre les distances sur la tête de la colonne.

1° Sur le premier peloton du premier bataillon prenez les distances.

A ce commandement répété, le premier peloton ne bougera pas; toute la colonne fera demi-tour; chaque chef de bataillon commandera : *Colonne en avant, guide à droite.*

2° Pas accéléré. = MARCHE.

A ce commandement, on exécutera le mouvement comme on vient de l'enseigner pour prendre les distances sur le dernier peloton. Chaque chef de peloton remettra son peloton face en tête et l'alignera.

On prendra les distances sur un peloton d'un des bataillons de l'intérieur, en suivant les principes indiqués dans les deux articles précédents.

Pour prendre les demi distances, étant en colonne serrée, on suivra les mêmes principes en commandant : *Sur tel peloton de tel bataillon, prenez distance de section;* ou : *Par la tête de la colonne prenez distance de section.*

La colonne arrivant par derrière la droite de la ligne de bataille, on exécutera le mouvement suivant.

1° En avant en bataille;

Ce commandement sera répété par les chefs de bataillon, qui feront chacun les commandements préliminaires indiqués ci-dessous.

2° Pas accéléré. = MARCHE;

A ce commandement vivement répété, les bataillons se mettront en marche, en se conformant aux commandements divers indiqués à la place de l'exécution et à l'article 381 de l'École de Bataillon; portant la plus grande attention à la conservation des 24 pas de distance d'un bataillon à l'autre.

3° Drapeaux à vos places.

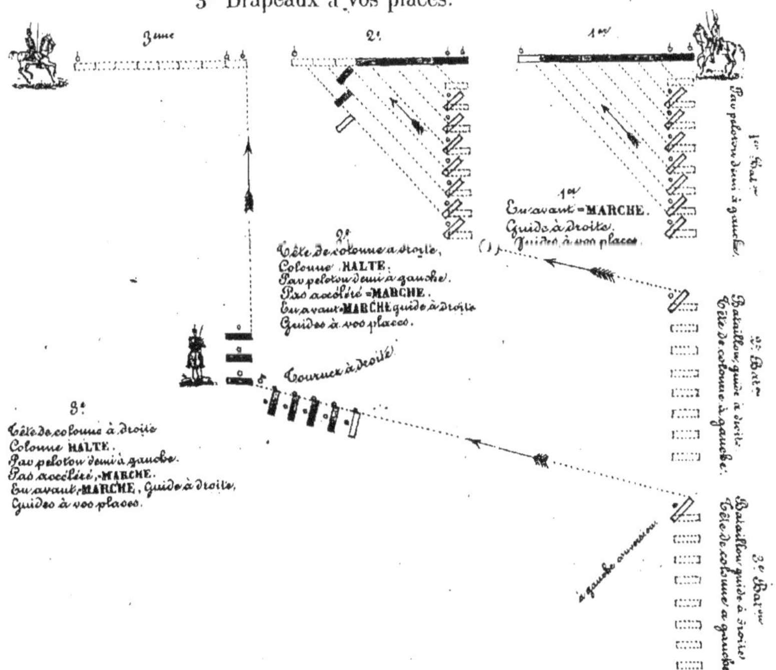

Ce mouvement s'exécutera, la gauche en tête, par les commandements inverses.

NOTA. — Dans les formations successives les chefs de bataillon feront rentrer les guides qui ont jalonné la ligne de bataille, dès qu'il y aura deux drapeaux sur la ligne, et feront reposer sur les armes.

N° 12. QUATRIÈME PARTIE, N° 288.

Colonne à distance entière arrivant par devant la droite de la ligne de bataille.

1° Face en arrière en bataille;

Ce commandement ayant été répété, les chefs de bataillon feront les commandements préliminaires indiqués ci-dessous.

2° Pas accéléré = MARCHE;

A ce commandement vivement répété, les bataillons se mettront en marche, en se conformant aux commandements divers, indiqués à la place de l'exécution et au n° 399 de l'École de Bataillon; dirigeant leur colonne de manière à conserver les 24 pas de distance d'un bataillon à l'autre.

3° Drapeaux à vos places.

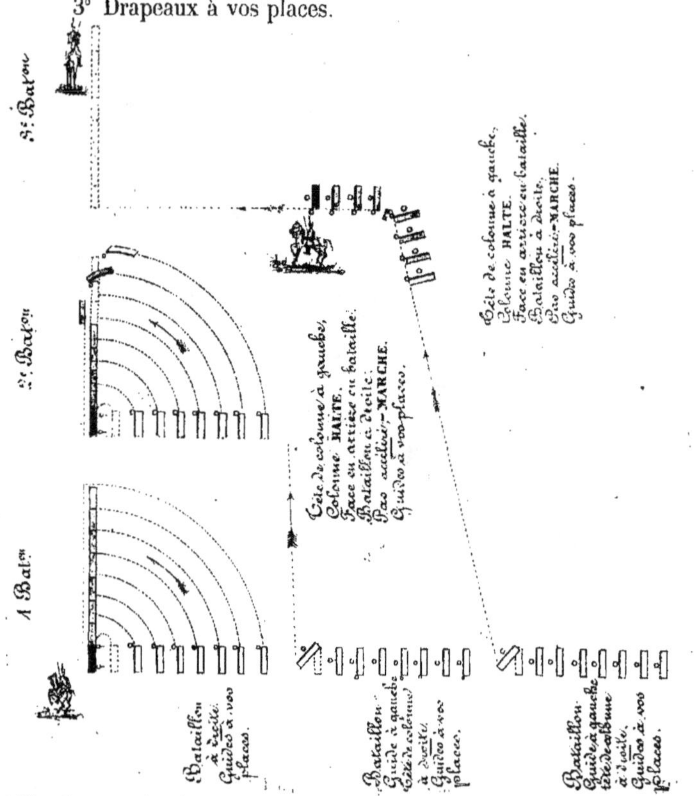

Les chefs de bataillon feront rentrer les guides dès qu'il y aura deux drapeaux sur la ligne, et feront reposer sur les armes.

Colonne à distance entière arrêtée derrière la ligne de bataille, et se formant à gauche et en avant en bataille.

1° A gauche et en avant en bataille;

Ce commandement sera répété par les chefs de bataillon, qui feront ensuite les commandements préliminaires indiqués ci-dessous.

2° Pas accéléré = MARCHE;

A ce commandement vivement répété, chaque bataillon fera son mouvement en se conformant au n° 416 de l'École de Bataillon.

3° Drapeaux à vos places.

3e BATAILLON.	2e BATAILLON.	1er BATAILLON.
En avant en bataille. Par peloton demi à gauche.	Quatre derniers pelotons. En avant en bataille.	A gauche en bataille.

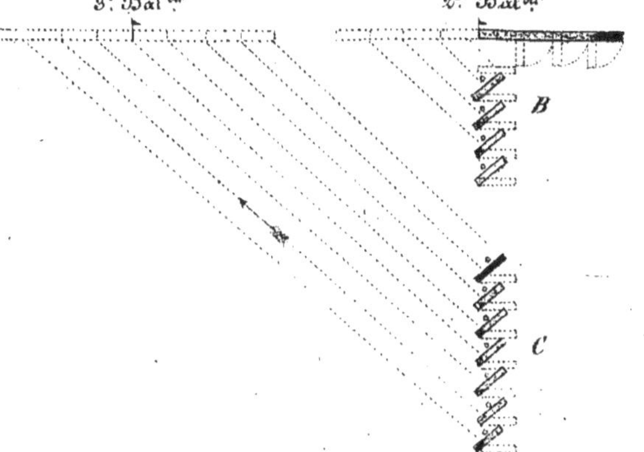

En avant = MARCHE.

Guide à droite.

S'il y a plus de trois bataillons, les quatrième, cinquième et suivants, feront tête de colonne à gauche, en prenant le guide à droite, pour se porter en colonne, derrière la ligne de bataille, et ensuite se formeront en avant en bataille, par les moyens prescrits.

Colonne arrêtée par devant la ligne de bataille, et se formant à gauche et face en arrière en bataille.

1° A gauche et face en arrière en bataille;

Ce commandement ayant été répété, les chefs de bataillons feront les commandements préliminaires indiqués ci-dessous.

2° Pas accéléré = MARCHE;

A ce commandement vivement répété, chaque bataillon fera son mouvement en se conformant aux articles 340 et 401 de l'École de Bataillon.

3° Drapeaux à vos places.

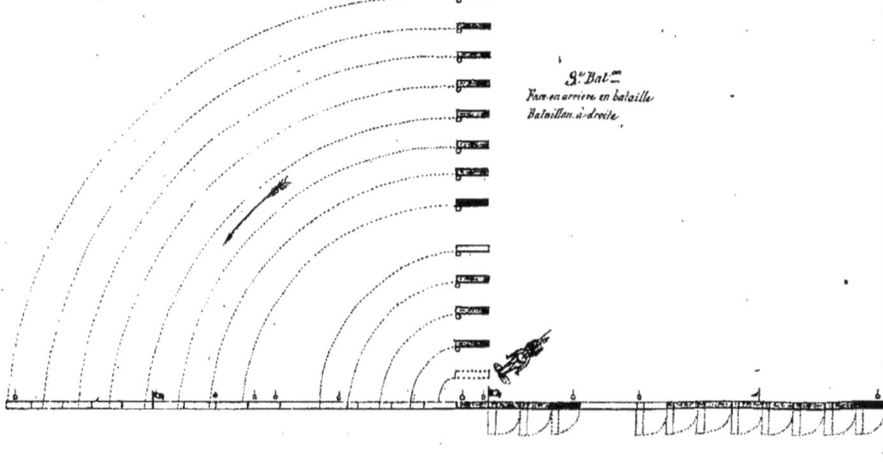

3e BATAILLON.

2e BATAILLON.
Quatre derniers pelotons.
Face en arrière en bataille.

1er BATAILLON.
A gauche en bataille.

Si la colonne était formée d'un plus grand nombre de bataillons, les quatrième, cinquième et suivants feraient tête de colonne à droite pour arriver sur la ligne de bataille, comme à la planche n° 11.

Le mouvement de face en arrière en bataille peut se faire à distance entière, à demi-distance, et souvent on est obligé de l'exécuter étant en masse. Dans ce dernier cas, avant de commencer le mouvement, on détache promptement tous les guides de gauche, qui se portent sur la ligne de bataille pour la jalonner.

Une colonne par peloton, la droite en tête, se formant face en avant en bataille sur le premier peloton du troisième bataillon.

Le commandant en chef enverra l'ordre aux chefs des deux premiers bataillons de faire exécuter la contre-marche, et ensuite commandera :

1° Sur le premier peloton du troisième bataillon en avant en bataille ;

Ce commandement ayant été répété, les chefs de bataillon commanderont :

4e BATAILLON.	3e BATAILLON.	2e BATAILLON.	1er BATAILLON.
Bataillon guide à droite. Tête de colonne à gauche.	Par peloton demi à gauche.	Face en arrière en bataille. Bataillon à gauche.	Bataillon guide à droite. Tête de colonne à gauche.

2° Pas accéléré = MARCHE ;

A ce commandement vivement répété, le mouvement commencera ; les bataillons en se portant par la diagonale vers la ligne de bataille, et exécutant les commandements ci-après :

3° Drapeaux à vos places,

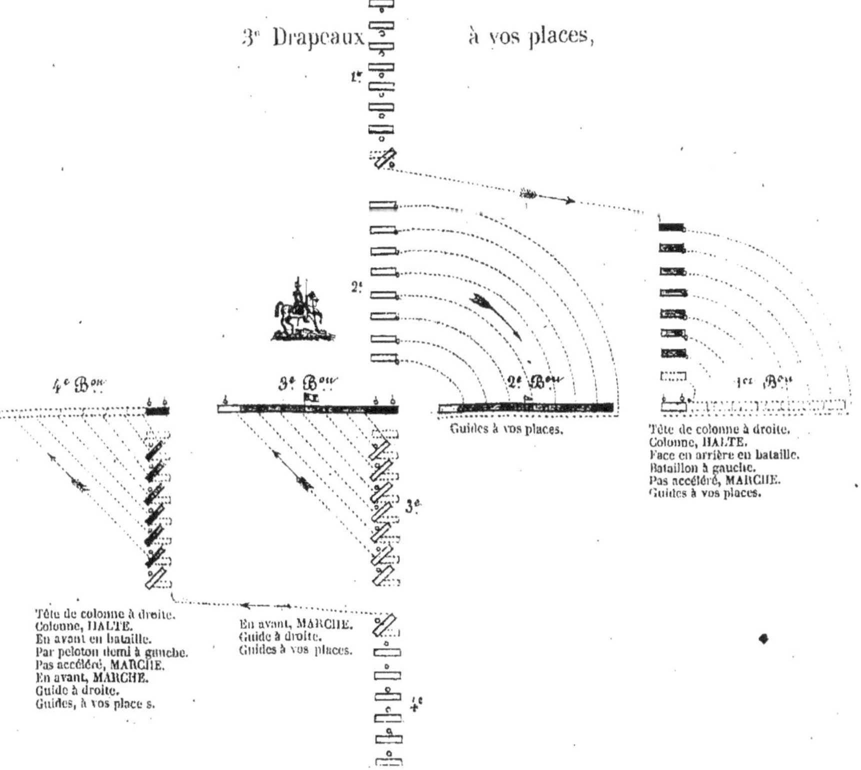

N° 16. QUATRIÈME PARTIE, N° 320.

Une colonne, la droite en tête.

(Se formant face en arrière en bataille sur le premier peloton du troisième bataillon.)

L'ordre sera envoyé aux deux premiers bataillons de faire la contre-marche, cela étant exécuté, le commandant en chef commandera :

1° Sur le premier peloton du troisième bataillon, face en arrière en bataille;

Ce commandement ayant été répété, les chefs de bataillons commanderont comme suit :

1er BATAILLON.	2e BATAILLON.	3e BATAILLON.	4e BATAILLON.
Bataillon guide à gauche. Tête de colonne à droite.	En avant en bataille. Par peloton demi à droite.	Bataillon à droite.	Bataillon guide à gauche. Tête de colonne à droite.

2° Pas accéléré = MARCHE;

A ce commandement vivement répété, les bataillons commenceront leur mouvement en se portant sur la ligne de bataille, et exécutant les commandements ci-après :

3° Drapeaux à vos places.

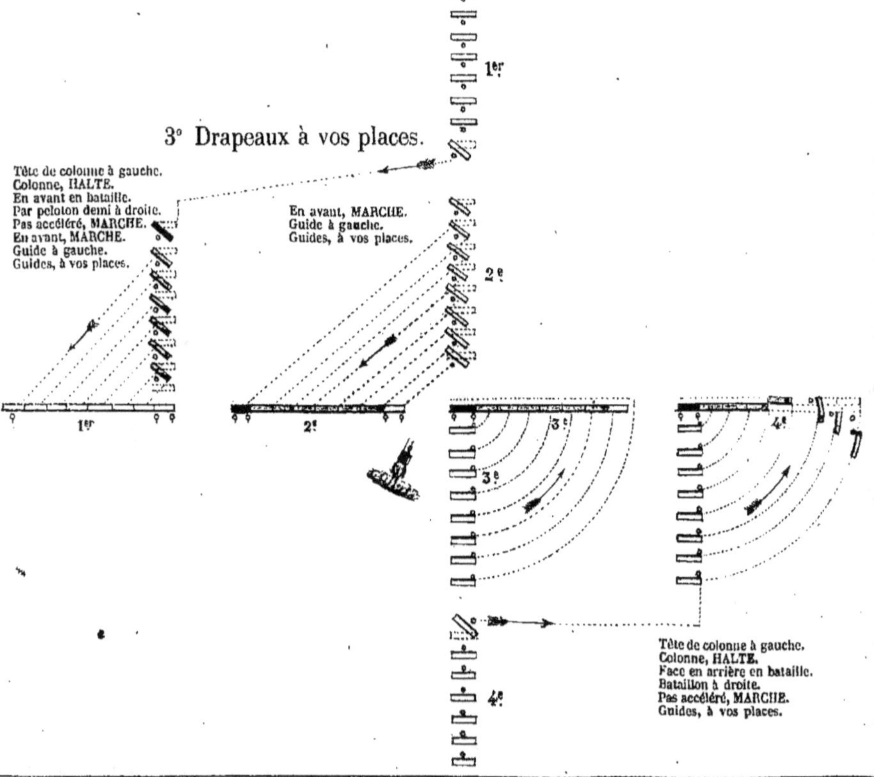

Colonne à demi-distance en avant en bataille.

L'ordre d'exécuter la contre-marche sera envoyé aux deux premiers bataillons, et le commandant en chef commandera, comme si la colonne était à distance entière :

1° Sur le premier peloton du troisième bataillon en avant en bataille.

Ce commandement ayant été répété, les chefs de bataillon commanderont :

4e BATAILLON.	3e BATAILLON.	2e BATAILLON.	1er BATAILLON.
Bataillon guide à droite. Tête de colonne à gauche.	En masse. Serrez la colonne.	Face en arrière en bataille. Bataillon à gauche.	Bataillon guide à droite. Tête de colonne à gauche.

2° Pas accéléré = MARCHE ;

A ce commandement vivement répété, les bataillons exécuteront les commandements suivants :

3° Drapeaux à vos places.

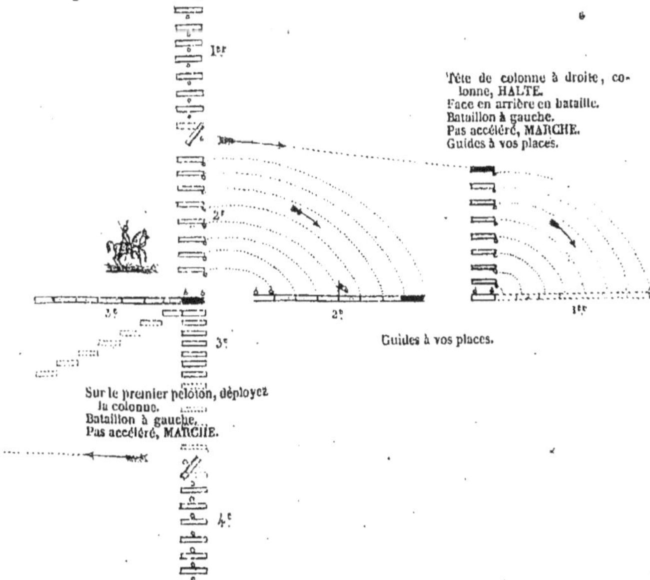

Colonne à demi-distance, face en arrière en bataille.

L'ordre d'exécuter la contre-marche sera envoyé aux deux premiers bataillons, et le commandant en chef commandera comme si la colonne était à distance entière :

1° Sur le premier peloton du troisième bataillon, face en arrière en bataille;

Ce commandement ayant été répété, les chefs de bataillon commanderont :

1er BATAILLON.	2e BATAILLON.	3e BATAILLON.	4e BATAILLON.
Bataillon guide à gauche. Tête de colonne à droite.	En masse serrez la colonne.	Face en arrière en bataille. Bataillon à droite.	Bataillon guide à gauche. Tête de colonne à droite.

2° Pas accéléré = MARCHE;

A ce commandement vivement répété, les bataillons exécuteront les commandements suivants :

3° Drapeaux à vos places.

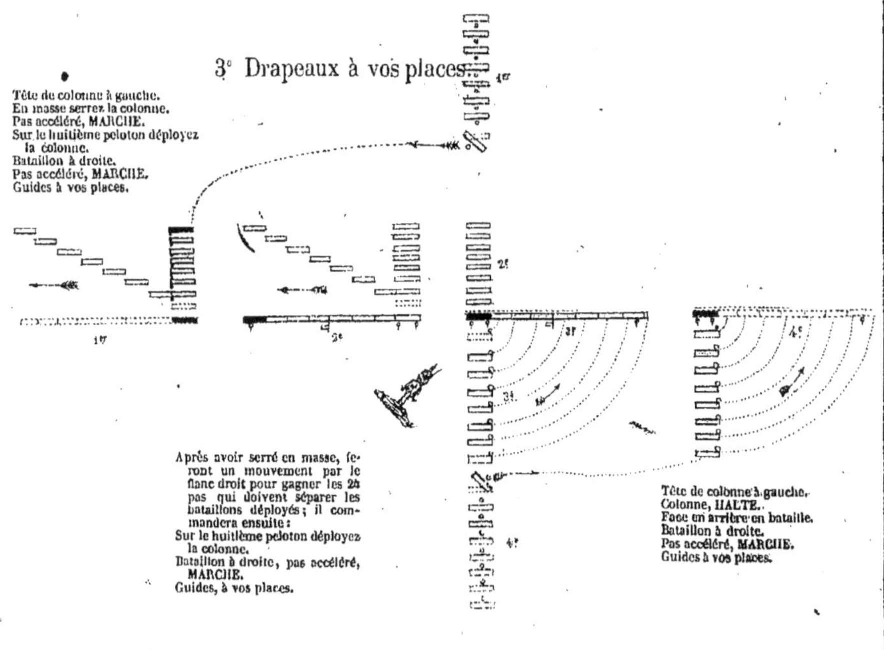

Déploiement par bataillon en masse, face en avant.

1° Par bataillon en masse sur le premier bataillon déployez la colonne;

A ce commandement répété, le chef du premier bataillon l'avertira qu'il ne doit pas bouger. Les autres chefs de bataillon commanderont : *bataillon à gauche.*

2° Pas accéléré = MARCHE.

A ce commandement vivement répété, le chef du premier bataillon commandera : *à droite, alignement;* les autres bataillons se mettront en marche, et lorsqu'ils seront sur le point d'arriver à vingt-quatre pas de distance de celui qui les précède, on commandera : *bataillon par le flanc droit—MARCHE. Guide à droite; bataillon, HALTE ; à droite, alignement.* Après avoir commandé *fixe,* le chef de la première division, au lieu de se porter devant le centre de sa division, se placera à la droite du premier rang, et son guide reculera au troisième ; les autres chefs de division se porteront au centre de leur division, après avoir aligné.

3° Guides à vos places.

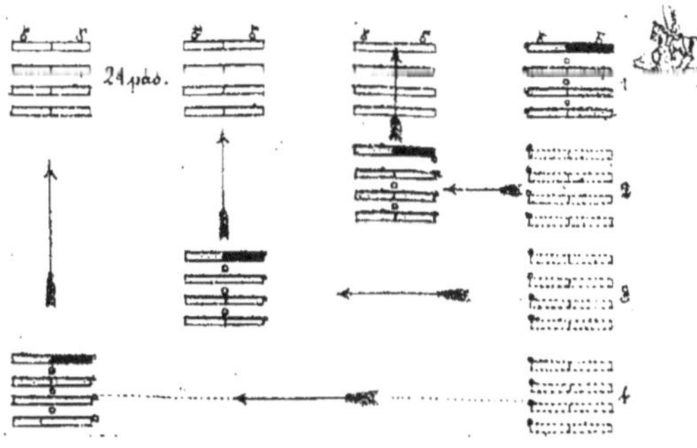

Nota. Si une colonne ainsi déployée se mettait en marche, elle prendrait un bataillon de direction, et la ligne se conformerait, pour les guides, à la planche n° 31. Quant à la place des chefs des premières divisions de chaque bataillon, elle est indiquée dans la même planche.

Le commandant en chef fera toujours placer deux jalonneurs devant la première division du bataillon sur lequel on devra déployer, et fera prolonger la ligne par des officiers à cheval ou des guides généraux des bataillons des extrémités.

Déploiement par bataillon en masse, face en avant.

1° Par bataillon en masse sur le quatrième bataillon déployez la colonne;

A ce commandement répété, les chefs des premier, deuxième et troisième bataillons commanderont : *bataillon à droite*, et celui du quatrième bataillon le préviendra qu'il ne doit pas bouger.

2° Pas accéléré -- MARCHE;

A ce commandement vivement répété, les bataillons se mettront en marche, et dès que le quatrième sera près d'être démasqué, son chef commandera : *Colonne en avant, guide à gauche, pas accéléré* et *MARCHE*. Quand il sera entièrement démasqué, il se portera ainsi sur les jalonneurs placés à la tête du premier bataillon; arrêtera et alignera à gauche. Le chef de la première division se portera ensuite à la droite, comme il est prescrit n° 341. Les autres bataillons gagneront vingt-quatre pas de distance successivement, s'arrêteront, et dès qu'ils seront démasqués, se porteront sur la ligne par les mêmes commandements que le quatrième bataillon.

3° Guides à places.

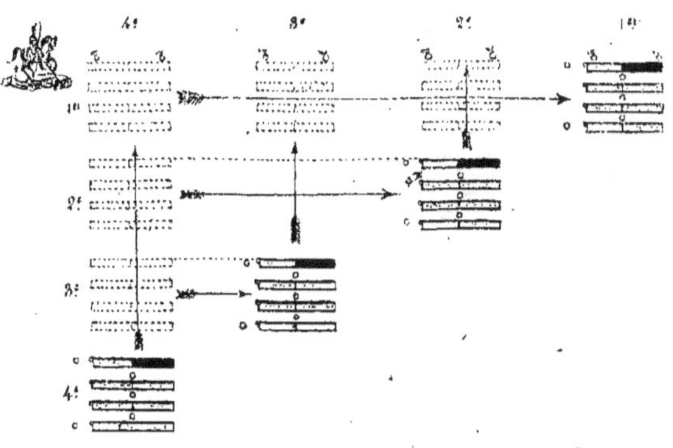

Pour exécuter les déploiements par bataillon en masse face en arrière, on fera la contre-marche et on suivra les mêmes principes que pour les mouvements face en avant.

Déploiement par bataillon en masse, sur un bataillon de l'intérieur de la colonne.

Le commandant en chef établira deux jalonneurs devant la tête de la colonne, et fera jalonner à droite et à gauche. Il commandera ensuite :

1° Par bataillon en masse sur le deuxième bataillon déployez la colonne ;

A ce commandement répété, le deuxième bataillon reste face en tête ; le premier fait *à droite*, et les troisième et quatrième *à gauche*.

2° Pas accéléré = MARCHE ;

A ce commandement vivement répété, le mouvement commencera, et dès que le deuxième bataillon sera démasqué, son chef commandera : *Colonne en avant, guide à gauche, pas accéléré — MARCHE ;* arrêtera à 3 pas des jalonneurs et alignera à gauche. Le chef de la première division se portera à la droite de sa division après l'avoir alignée.

Le premier bataillon gagnera à droite les 24 pas de distance et s'alignera à *gauche*.

Les troisième et quatrième prendront la même distance à gauche et s'aligneront à *droite*.

3° Guides à vos places.

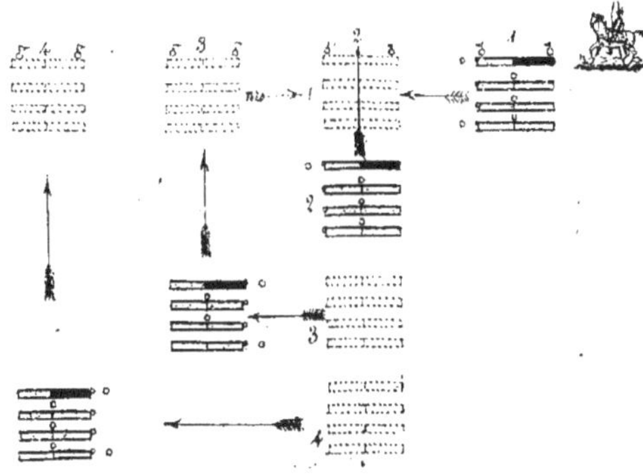

Déploiement par bataillon en masse, face en avant,

D'UNE COLONNE DONT LES BATAILLONS SONT PLACÉS PAR INVERSION.

Le commandant en chef établira deux jalonneurs à la tête de la colonne, et commandera ensuite :

1° Par bataillon en masse sur le premier bataillon déployez la colonne ;

Ce commandement répété, tous les bataillons, hors le premier, feront à gauche.

2° Pas accéléré = MARCHE ;

A ce commandement vivement repété, le mouvement commencera. Tous les bataillons gagneront leur distance à gauche, et aligneront à droite. Le premier qui est resté face en tête, se portera, dès qu'il sera démasqué, sur les jalonneurs au commandement de : *Colonne en avant, guide à droite, pas accéléré—MARCHE* et s'alignera à droite. Les chefs de la première division de chaque bataillon se placeront à la droite de leur division après l'avoir alignée.

3° Guides à vos places.

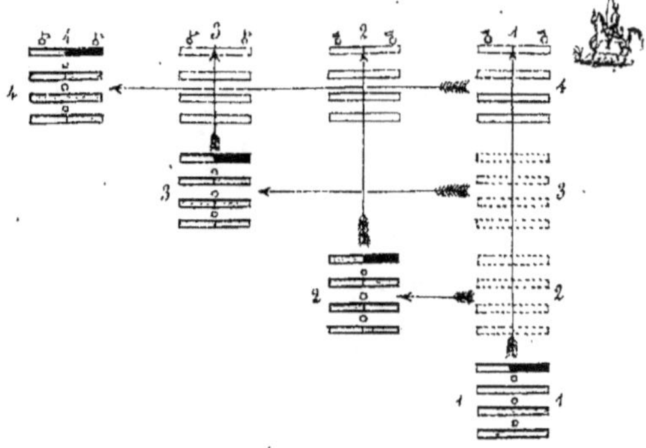

Déploiement par bataillon en masse sur un bataillon du centre.

Le commandant en chef fera jalonner la ligne de bataille en avant de la première division du troisième bataillon.

1° Ligne de bataille sur le troisième bataillon;

Ce commandement ayant été répété, les deux premiers bataillons feront *face par le troisième rang*, ce qui étant exécuté, le commandant en chef commandera :

2° Par bataillon en masse sur le troisième bataillon déployez la colonne;

Le chef du troisième bataillon le préviendra qu'il ne doit pas bouger; les autres feront faire à gauche à leur bataillon.

3° Pas accéléré — MARCHE;

A ce commandement vivement répété, le chef du troisième bataillon l'alignera à gauche, les autres chefs de bataillons les mettront en marche en prenant le guide à droite, et lorsqu'ils seront à la distance de 24 pas, ils commanderont : *Bataillon par le flanc droit, MARCHE, guide à droite.* Les chefs des bataillons de droite dépasseront la ligne de 3 pas et commanderont : *Bataillon — HALTE, — face par le premier rang, — bataillon demi tour — à droite, — à gauche alignement.* Ceux de la gauche arrêteront à 3 pas de la ligne de bataille et commanderont : *A droite alignement.*

4° Guides à vos places.

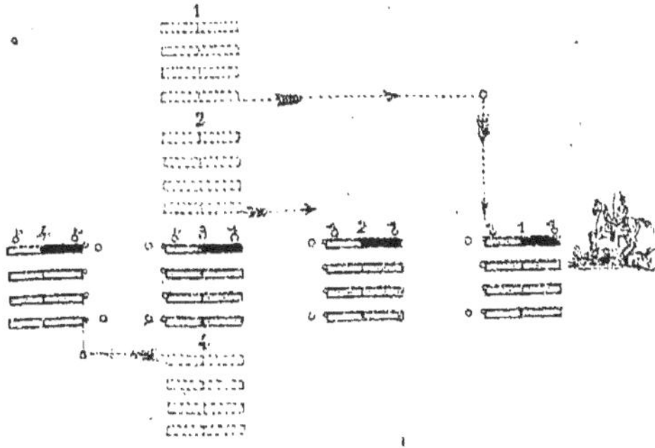

Ligne de bataille sur un bataillon et déploiement sur un autre.

1° Ligne de bataille sur le troisième bataillon;

Ce commandement sera répété; le troisième bataillon jalonnera et les deux premiers bataillons feront face par le troisième rang.

2° Par bataillon en masse sur le deuxième bataillon déployez la colonne;

A ce commandement répété, les deux jalonneurs placés s'écarteront assez pour laisser passer le deuxième bataillon sans perdre leur alignement. Les premier, troisième et quatrième bataillons feront à *gauche*, et attendront ainsi le troisième commandement.

3° Pas accéléré = MARCHE;

A ce commandement vivement répété, le deuxième bataillon traversera la ligne de bataille, la dépassera de 3 pas, fera face par le premier rang et s'alignera à *gauche*.

Les autres bataillons se porteront sur la ligne de bataille comme au mouvement précédent, et prendront le guide du côté du bataillon de direction, qui est le deuxième.

4° Guides à vos places.

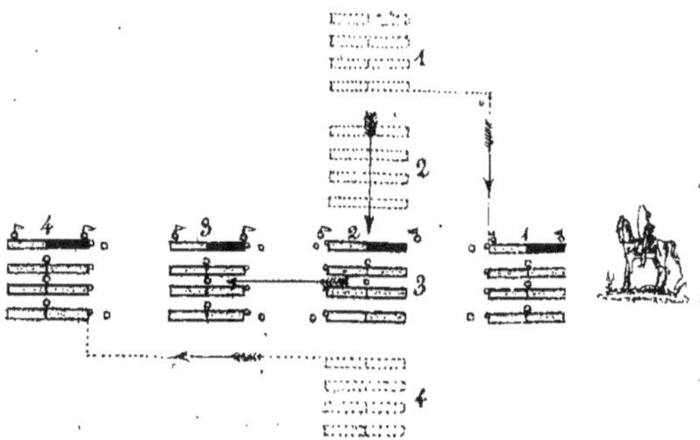

1º Pour déployer face à gauche (ou par inversion face à droite);

2º Par bataillon en masse sur le troisième bataillon prenez vos distances;

Ces deux commandements répétés, le chef du troisième bataillon préviendra qu'il ne doit pas bouger; les chefs des deux premiers bataillons commanderont : *Colonne en avant, guide à droite.* Le chef du dernier bataillon fera faire demi tour à droite et commandera : *Colonne en avant, guide à gauche.*

3º Pas accéléré = MARCHE;

A ce commandement vivement répété, chaque bataillon prendra distance de division plus 6 pas. Aussitôt le mouvement commencé, l'adjudant-major du troisième bataillon placera deux jalonneurs se faisant face sur la ligne de bataille. Le chef de chacun des autres bataillons, après avoir pris sa distance, fera placer également deux jalonneurs sur le même alignement, faisant face à ceux du bataillon de direction; ces dispositions achevées, le commandant en chef commandera :

Pour le déploiement.

Par inversion face à droite.

(Ici la colonne aura pris ses distances avec le guide à gauche.)

1º Par bataillon en masse changement de direction par le flanc gauche;

Ce commandement sera répété, et chaque chef de bataillon commandera : *Bataillon à gauche.*

2º Pas accéléré = MARCHE;

A ce commandement vivement répété, le mouvement commencera; les bataillons se conformeront au nº 252 de l'École de Bataillon.

3º Guides à vos places.

Face à gauche.

1º Par bataillon en masse changement de direction par le flanc droit;

Ce commandement sera répété, et chaque chef de bataillon commandera : *Bataillon à droite.*

2º Pas accéléré = MARCHE;

A ce commandement vivement répété, le mouvement commencera; les bataillons se conformeront au nº 252 de l'École de Bataillon.

3º Guides à vos places.

Le troisième bataillon étant celui de direction s'aligne à gauche, le quatrième également à gauche et les premier et deuxième à droite. Le chef de la première division de chaque bataillon se placera à la droite de sa division après l'avoir alignée (nº 395 des Évolutions de ligne).

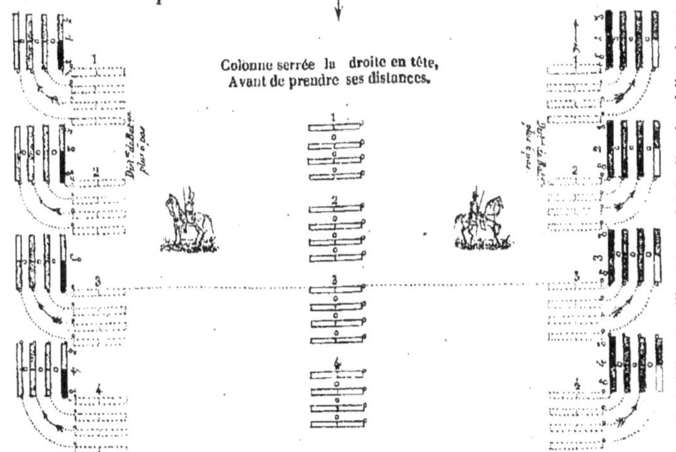

Le troisième bataillon étant celui de direction s'aligne à gauche, les premier et deuxième bataillons également à gauche, et le quatrième à droite, le chef de la première division de chaque bataillon se placera à la droite de sa division après l'avoir alignée (nº 395 des Évolutions de ligne.)

Ce mouvement s'exécutera face en arrière par les mêmes commandements et les moyens inverses, après avoir fait la contre-marche.

N° 26. QUATRIÈME PARTIE, N° 400.

Pour déployer face à droite.

On emploie le moyen d'inversion indiqué dans la planche précédente comme le plus prompt à exécuter; mais si le commandant en chef voulait déployer face à droite sur le même emplacement en conservant l'ordre direct, il commanderait :

1° Changement de direction par le flanc gauche;

Ce commandement sera répété. Deux jalonneurs se faisant face seront placés à la tête de la colonne, et chaque chef de bataillon commandera : *Bataillon à gauche.*

2° Pas accéléré = MARCHE.

A ce commandement vivement répété, on se conformera aux n°s 186 et suivants des Évolutions de Ligne.

1° Par bataillon en masse sur le quatrième bataillon déployez la colonne;

Ce commandement sera répété. Le quatrième bataillon ne se portera sur la ligne de bataille qu'après avoir été démasqué. Les autres feront à droite.

2° Pas accéléré = MARCHE;

A ce commandement vivement répété, on se conformera à ce qui est indiqué planche n° 20.

3° Guides à vos places.

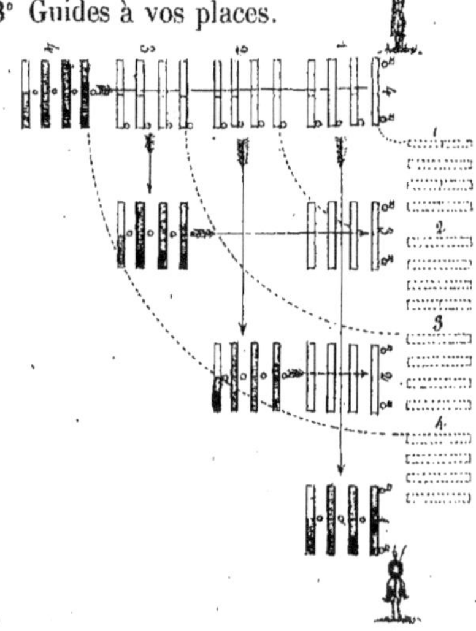

Déploiement des masses.

Le commandant en chef voulant déployer les masses sur la première division du troisième bataillon, fera placer deux jalonneurs devant cette division; deux autres devant la première du deuxième et un troisième, conformément aux nos 433 et 454 de l'École de Bataillon. Deux officiers à cheval se porteront aux points où devront aboutir la gauche et la droite. Ces dispositions faites, il commandera :

1° Sur la première division du troisième bataillon déployez les masses;

Ce commandement ayant été répété, on préviendra la première division du troisième bataillon, ainsi que la quatrième du deuxième, de rester face en tête; les premiers et deuxième bataillons font *à droite,* et les troisième et quatrième *à gauche.* Les bataillons étant ainsi par le flanc, le commandant en chef commandera :

2° Pas accéléré = MARCHE;

A ce commandement vivement répété, le déploiement commencera; les adjudants-majors conduiront leur bataillon un peu en dedans des officiers à cheval; le troisième et le deuxième déploieront de pied ferme; l'un sur la première division, et l'autre sur la quatrième. Chaque chef de bataillon arrêtera lui-même la division qui doit, la première, se porter sur la ligne, lorsqu'il aura 24 pas d'intervalle. Il désignera cette division en commandant : *Première ou quatrième division, HALTE*, et le chef de division commandera : *Front* et se portera à sa place de bataille pour aligner.

Dans cet exemple, les bataillons de droite s'alignent à gauche, et ceux de gauche à droite.

La ligne étant déployée, le commandant en chef commandera

3° Drapeaux à vos places.

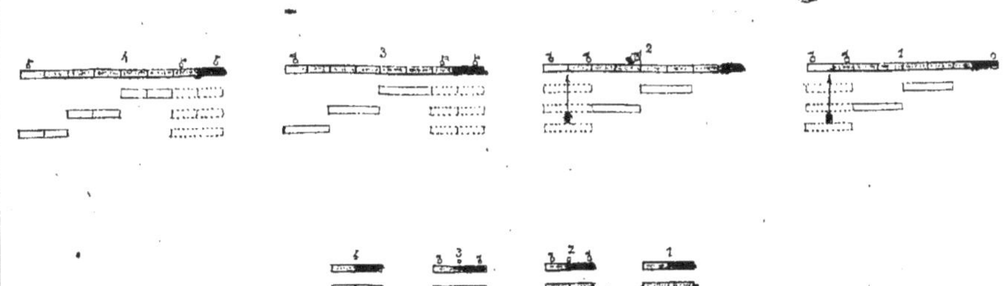

Déploiement d'une colonne.

Le commandant en chef voulant déployer la colonne sur la quatrième division du deuxième bataillon, fera jalonner la tête de la colonne et prolonger la ligne de bataille à droite et à gauche ; ensuite il commandera :

1° Sur la quatrième division du deuxième bataillon déployez la colonne;

Ce commandant ayant été répété, le chef du deuxième bataillon avertira la division désignée de ne pas bouger, et commandera : *Bataillon à droite.* A ce commandement l'adjudant-major de ce bataillon placera un troisième jalonneur (École de Bataillon, n° 454). Le chef du premier bataillon commandera également : *A droite,* et les chefs des troisième et quatrième bataillons commanderont : *A gauche.*

L'adjudant-major du troisième bataillon jalonnera sur la ligne de bataille à 24 pas de distance, et le commandant en chef commandera :

2° Pas accéléré = MARCHE ;

A ce commandement vivement répété, le déploiement commencera, et lorsque les bataillons auront gagné 24 pas d'intervalle, ils se porteront sur la ligne aux commandements de : *Par le flanc droit, ou le flanc gauche, — MARCHE, — guide à droite ou guide à gauche ;* s'arrêteront à trois pas des jalonneurs et déploieront sur la première ou la quatrième division par les principes prescrits au n° 452 de l'École de Bataillon.

3° Drapeaux à vos places.

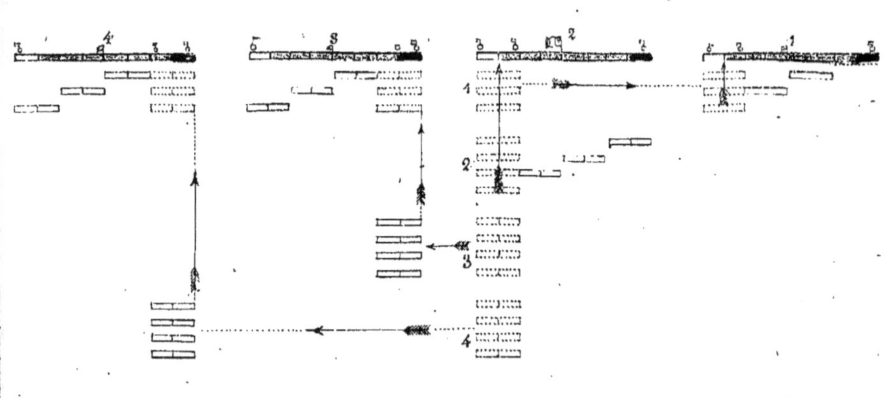

SUITE DE LA PLANCHE PRÉCÉDENTE. N° 29.

Une colonne de six bataillons par division, la droite en tête,

DEVANT SE DÉPLOYER SUR DEUX LIGNES.

Le commandant en chef formera deux régiments de trois bataillons, et fera commander chacun d'eux par un officier supérieur. Il séparera les trois premiers bataillons des trois derniers en les faisant marcher en avant ou en arrière l'étendue de terrain qu'il jugera convenable, ensuite il commandera :

1° Mouvement par régiment ;

2° Sur la première division du premier bataillon déployez la colonne ;

Le commandant de la première ligne répétera ce commandement. Le commandant de la deuxième ligne substituera le mot *troisième division* à celui de *première*, et établira, le plus correctement possible, le centre de son premier bataillon en face de la droite du premier bataillon de la première ligne, règle générale (722 des Évolutions de ligne).

3° Pas accéléré = MARCHE ;

A ce commandement vivement répété, les deux lignes se déploieront par les moyens connus, et le mouvement terminé, chaque chef de ligne commandera :

4° Drapeaux à vos places.

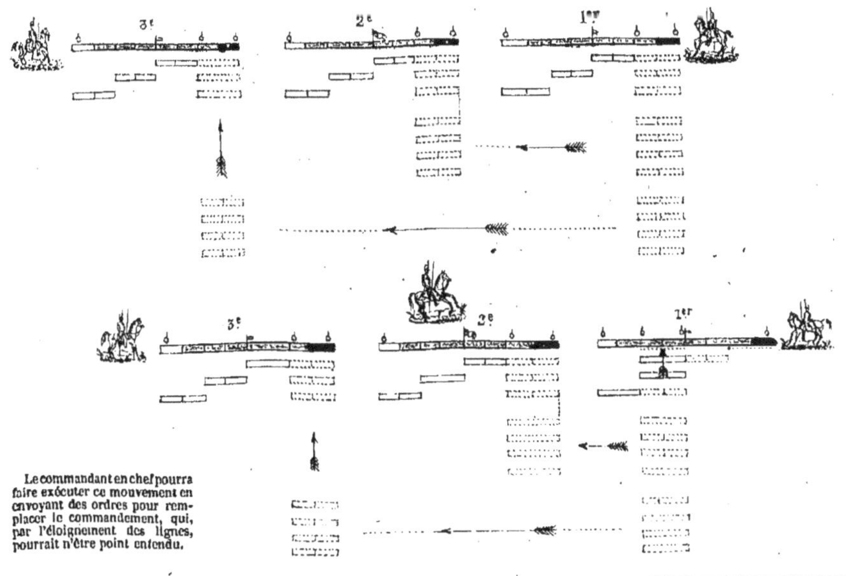

N° 30. SUITE DE LA PLANCHE PRÉCÉDENTE.

Une colonne de quatre bataillons, la droite en tête,

DEVANT SE DÉPLOYER SUR LE PREMIER PELOTON DE CHAQUE BATAILLON.

1° Mouvement par bataillon ;

2° Sur le premier peloton déployez la colonne ;

Ce commandement ayant été répété, chaque chef de bataillon fera jalonner son premier peloton et commandera : *Bataillon à gauche*.

3° Pas accéléré = MARCHE.

A ce commandement vivement répété, on exécutera conformément au n° 431 de l'École de Bataillon. L'alignement étant terminé, chaque chef de bataillon fera rentrer les guides.

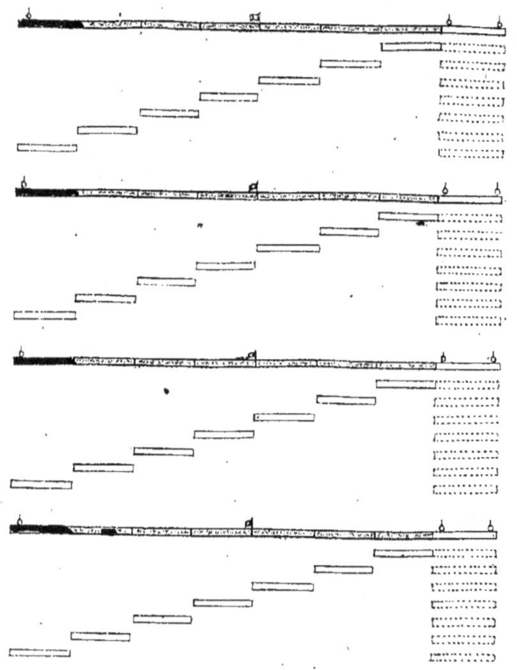

Faire marcher la ligne en avant et lui faire changer de direction.

1° Deuxième bataillon de direction ;

2° Bataillons en avant ;

Ces commandements ayant été répétés, le chef du bataillon de direction commandera : *Guide à gauche*, et les chefs des autres bataillons : *Guide à gauche ou guide à droite*, selon qu'ils se trouveront à la droite ou à la gauche du bataillon de direction. Le guide général se portera à 6 pas en avant des guides du bataillon de direction, conformément au n° **490** de l'École de Bataillon.

Les chefs des divisions des bataillons placés à la gauche du bataillon de direction, se porteront à la gauche de leur division.

3° Pas accéléré. = MARCHE ;

A ce commandement vivement répété, les bataillons se mettront en marche conformément à l'École de Bataillon, n° **497**. On arrêtera les colonnes par les commandements de : *Bataillons, HALTE. ; Guides, sur la ligne — Guides à vos places.*

1° Changement de direction à droite ;

Ce commandement sera répété, et le chef du premier bataillon commandera : *Guide à gauche, bataillon à droite conversion.* Les autres bataillons seront mis guide à droite, et les chefs des premières divisions se porteront au centre de leur division.

2° Pas accéléré = MARCHE ;

Le premier bataillon conversera et les autres arriveront sur la ligne par de légers changements de direction.

3° Guides à vos places ;

On fera marcher la ligne en retraite en la faisant former face par le troisième rang, et on lui fera changer de direction d'après les mêmes principes et par les moyens inverses.

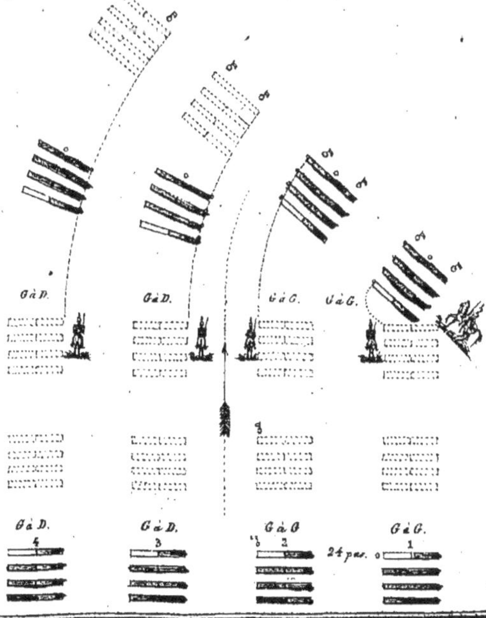

Rompre la ligne par bataillon en masse,

ET LA RÉFORMER EN BATAILLE.

1° Par bataillon à droite;

Ce commandement ayant été répété, on jalonnera, et chaque chef de bataillon commandera en même temps : *Changement de direction par le flanc gauche.* — *Bataillon à gauche.* Ces dispositions étant prises, le commandant en chef commandera :

2° Pas accéléré = MARCHE;

A ce commandement, chaque bataillon changera de direction par le flanc gauche, mais les divisions seront alignées à droite. La colonne ainsi formée marchera et changera de direction en conservant toujours le guide à droite, devant être remise en bataille dans l'ordre naturel par les commandements suivants :

1° Face à gauche en bataille;

2° Par bataillon en masse, changement de direction par le flanc droit;

3° Pas accéléré = MARCHE;

Au premier commandement, les adjudants-majors jalonneront; au deuxième, on commandera : *Bataillon à droite*, et au troisième on exécutera conformément à la planche n° 25, et on alignera à gauche.

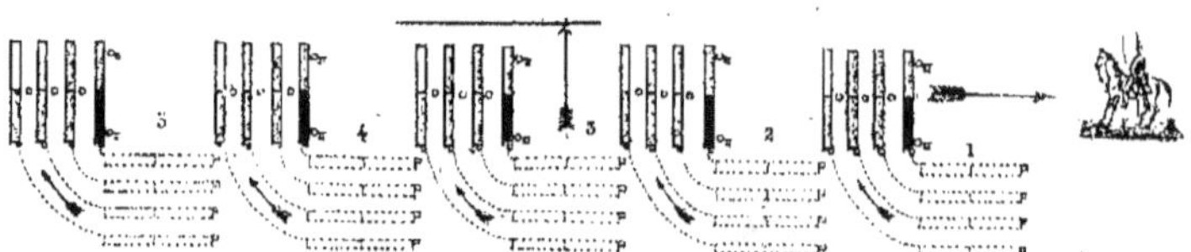

Former la ligne par inversion (n° 500).

1° Par inversion face à droite en bataille;

2° Par bataillon en masse, changement de direction par le flanc gauche;

3° Pas accéléré = MARCHE;

(Les bataillons seront alignés à droite.)

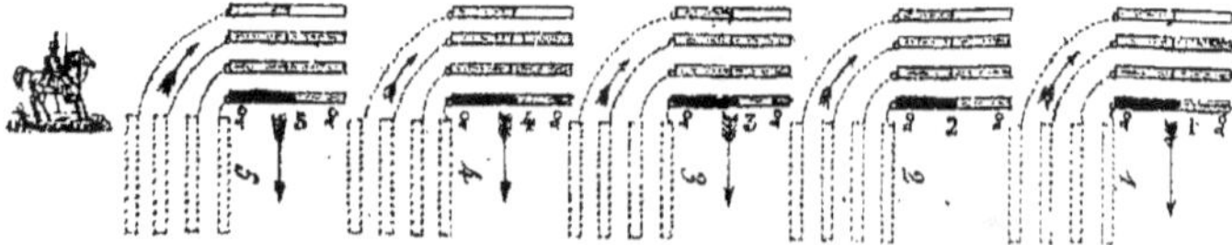

Ployer la ligne en colonne serrée.

Les bataillons, à cause de leur profondeur et du peu d'intervalle qui les sépare, ne pouvant être dirigés diagonalement vers le point où ils doivent prendre rang dans la colonne, le mouvement s'exécutera de la manière suivante :

1° Par bataillon en masse sur le cinquième bataillon, la droite en tête en colonne ;

A ce commandement répété, les chefs des premier, deuxième, troisième et quatrième bataillons commanderont : *Colonne en avant — Guide à gauche ;* ceux des sixième, septième et huitième bataillons : *Demi-tour à droite, colonne en avant — Guide à gauche.*

2° Pas accéléré = MARCHE ;

A ce commandement répété, le mouvement commencera, et lorsque les bataillons auront dépassé d'environ 6 pas, celui qui est arrivé sur l'emplacement de la colonne, ils feront *par le flanc gauche en marchant.* Lorsque les guides de gauche arriveront à la hauteur de ceux du bataillon de direction, on arrêtera, on fera faire front et on alignera à gauche.

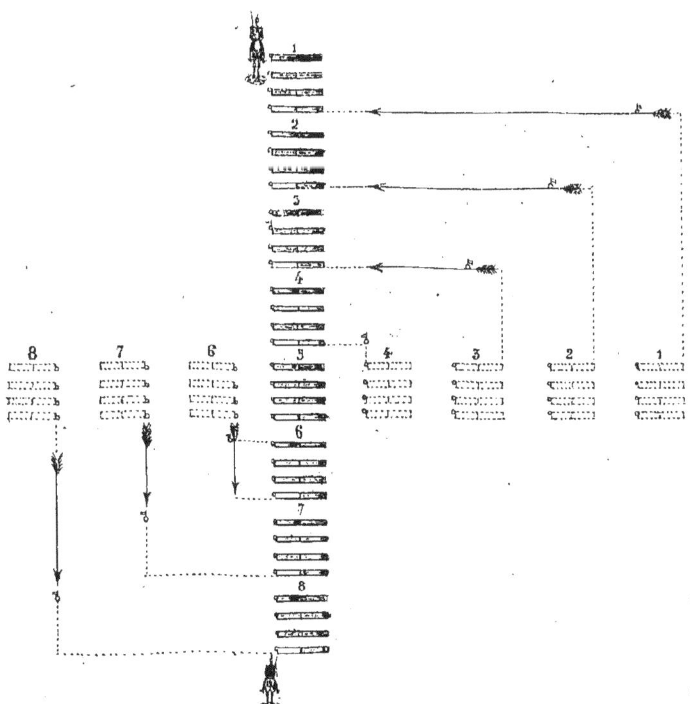

Inversions.

Une ligne de plusieurs bataillons se formera par inversion à droite en bataille, en se conformant à ce qui a été prescrit à l'Ecole de Bataillon, n° 352.

1° Par inversion à droite en bataille ;

A ce commandement vivement répété, chaque chef de bataillon commandera : *Bataillon guide à droite.* Aussitôt les adjudants rectifieront le plus promptement possible, la direction des guides, et le commandant en chef commandera :

2° Pas accéléré = MARCHE ;

A ce commandement vivement répété, chaque chef de bataillon exécutera comme il est indiqué au n° 353 de l'Ecole de Bataillon.

3° Guides à vos places.

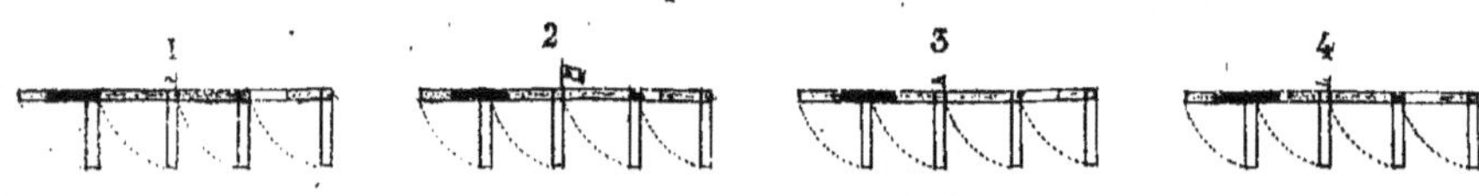

La ligne rentrera dans l'ordre naturel par les moyens suivants :

Par division à gauche (*Ecole de Bataillon, n° 65*).

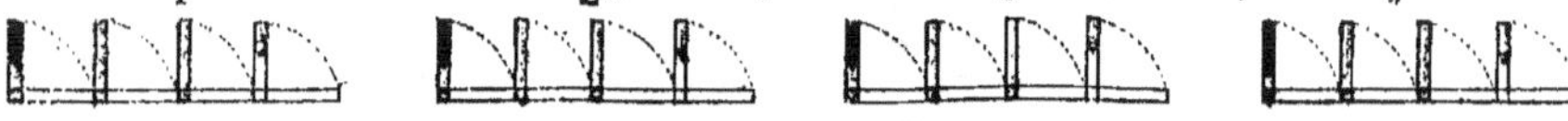

Par division en arrière à gauche (*Ecole de Bataillon, n° 70*).

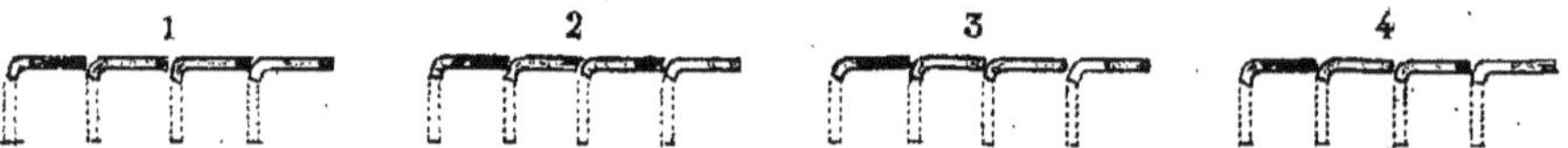

Rompre par la gauche pour marcher vers la droite (*Ecole de Bataillon, n° 69*).

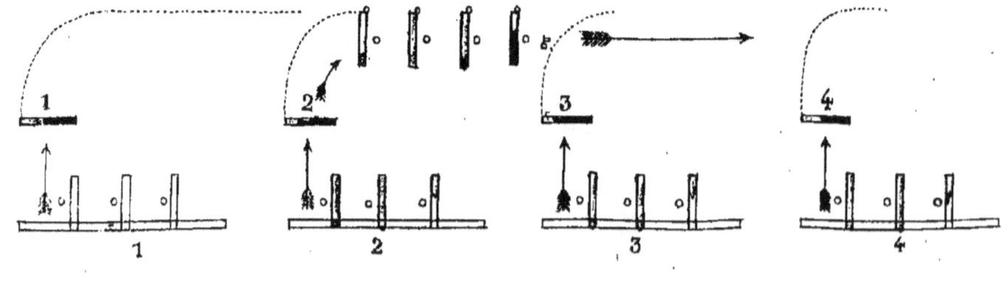

Ployer une ligne en colonne,

LORSQU'ELLE EST PLACÉE PAR INVERSION.

1° Colonne serrée par division, sur la première division du troisième bataillon, la gauche en tête en colonne;

Ce commandement ayant été répété, la première division du troisième bataillon ne bougera pas et s'alignera à droite; les troisième et quatrième bataillons feront à gauche, et chaque division déboitera en arrière. Les premier et deuxième bataillons feront à droite et déboiteront en avant.

2° Pas accéléré = MARCHE;

A ce commandement vivement répété, les bataillons viendront prendre rang dans la colonne, savoir : les deux premiers, en avant de celui de direction; et le dernier, en arrière. Ce mouvement s'exécutera *Guide à droite* et la colonne réunie conservera ce guide jusqu'à ce qu'elle soit portée en avant.

La colonne est maintenant dans l'ordre direct; mais, si le commandant en chef voulait la conserver par inversion, il la ferait ployer *la droite en tête*.

Si la ligne était composée d'un plus grand nombre de bataillons, il n'y aurait pas de commandement général; les aides-de-camp porteraient les ordres à chaque chef de bataillon.

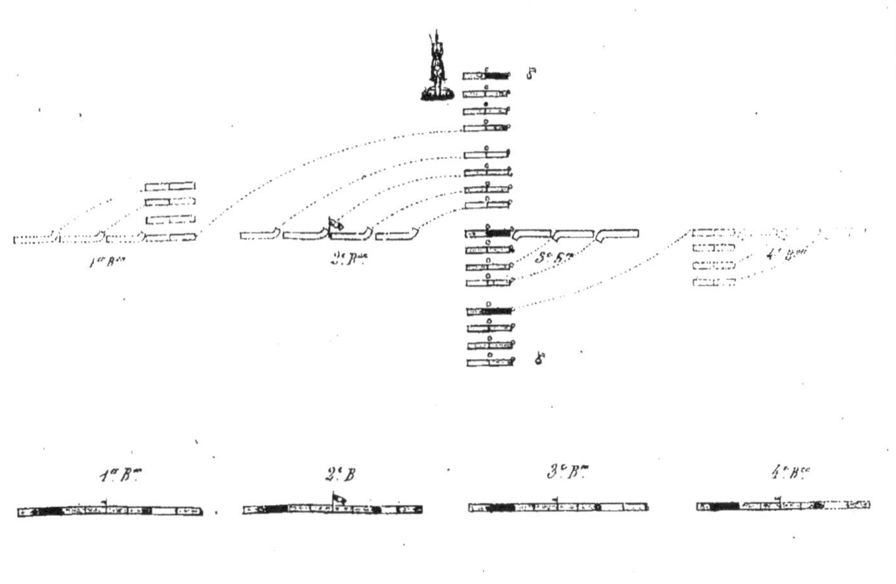

N° 36. QUATRIÈME PARTIE, N° 514.

Ligne formée par inversion,

MAIS DONT LES SUBDIVISIONS SONT DANS L'ORDRE NATUREL, QUI SE PLOIE EN COLONNE SERRÉE PAR DIVISION, SUR LE SECOND BATAILLON, LA GAUCHE, C'EST-A-DIRE LE PREMIER BATAILLON EN TÊTE.

1° Colonne serrée par division, sur la deuxième division du second bataillon, la gauche en tête en colonne;

Ce commandement répété, le chef du premier bataillon commandera *à droite*, et fera déboiter en arrière, celui du deuxième *à droite* et *à gauche*, et ceux des troisième et quatrième *à gauche*.

2° Pas accéléré = MARCHE;

A ce commandement vivement répété, les bataillons prendront rang dans la colonne, savoir : le premier en avant de celui de direction, et les deux derniers en arrière, conservant le guide à droite jusqu'à ce que la colonne soit mise en mouvement.

Si le commandant en chef, en faisant rompre la ligne veut la porter à gauche et la former dans l'ordre naturel, il ordonnera au chef de chaque bataillon de faire rompre par la droite pour marcher vers la gauche, comme s'il était seul, et les mettra en marche tous en même temps.

Si en faisant rompre la ligne, on voulait la porter à droite, ou si en la ployant on voulait que le quatrième bataillon fût en tête, on exécuterait ce mouvement d'après les mêmes principes et par les moyens inverses.

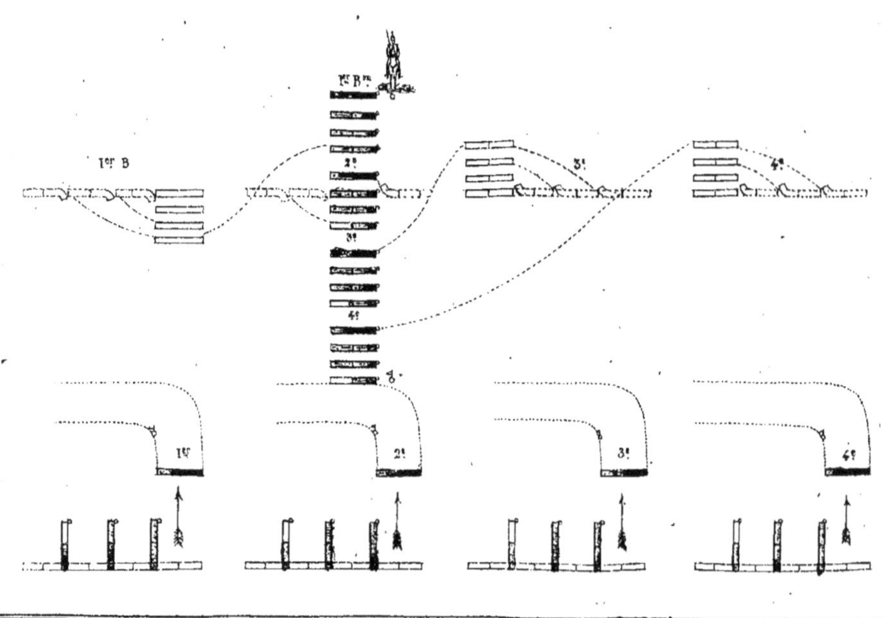

Marche en bataille d'une ligne déployée.

1° Troisième bataillon de direction ;

Ce commandement ayant été répété, tous les bataillons se conformeront à ce qui a été prescrit à l'Ecole de Bataillon, nos 487 et 488. Le chef du bataillon de direction assurera son adjudant-major sur la perpendiculaire, établira deux jalonneurs, comme il a été prescrit à l'Ecole de Bataillon, n° 489. Le commandant en chef commandera ensuite :

2° Bataillons en avant ;

Ce commandement ayant été répété, le rang du porte-drapeau de chaque bataillon marchera 6 pas en avant, ainsi que les guides généraux, et l'adjudant se placera à 6 ou 8 pas sur le flanc du porte-drapeau, du côté opposé au bataillon de direction.

3° Pas accéléré = MARCHE ;

A ce commandement répété avec la plus grande rapidité, la ligne s'ébranlera ; le commandant en chef surveillera le bataillon de direction, et les chefs des bataillons subordonnés veilleront à la conservation des intervalles, et à l'ensemble de la ligne.

La ligne s'arrêtera ; on rectifiera son alignement ; on fera porter les drapeaux et guides généraux sur la ligne, en se conformant à l'art. 550 des Évolutions de Ligne ; on marchera en retraite en faisant *face en arrière ;* on s'arrêtera, fera *face en tête,* et s'alignera sur les drapeaux et guides généraux. Ce mouvement étant terminé, le commandant en chef commandera.

4° Drapeaux et guides à vos places.

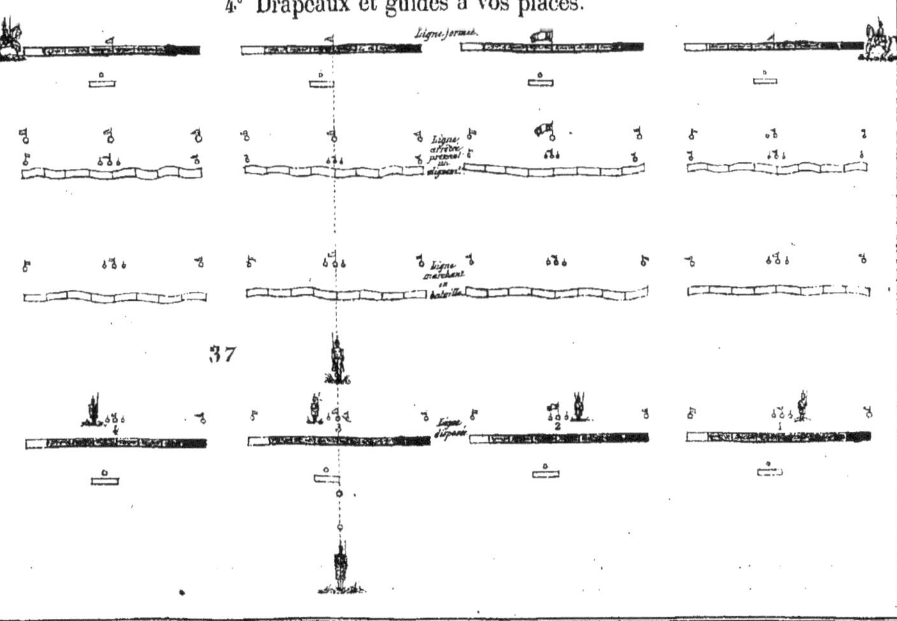

N° 38. CINQUIÈME PARTIE, N° 561.

Changement de direction en marchant en bataille.

Le commandant en chef se portera à la droite de la ligne, et placera deux jalonneurs, distants de 50 à 60 pas, sur la nouvelle direction qu'il voudra donner à la ligne de bataille. Il fera prolonger la ligne par des officiers à cheval et commandera :

1° Changement de direction à droite ;

2° MARCHE ;

Au commandement de marche, vivement répété, le mouvement commencera. Le guide général de droite pivotera ; le porte-drapeau fera le pas d'un pied, conversant à droite en avançant insensiblement l'épaule gauche. Le guide général de gauche fera le pas de deux pieds, en s'alignant sur le porte-drapeau et le guide général de droite. Le premier bataillon conversera ainsi jusqu'à ce qu'il soit parallèle à la nouvelle ligne de bataille ; son chef le portera ensuite en avant, l'arrêtera à quatre pas en deçà des jalonneurs, et commandera : *Drapeaux et guides généraux—sur la ligne.* Ils feront face au commandant en chef placé à la droite, qui les établira correctement, et le chef de bataillon commandera : *Guides sur la ligne—sur le centre—alignement.*

A mesure que chacun des autres bataillons aura déboité, son chef commandera : *En avant—marche,* et arrivera carrément sur la nouvelle ligne, en faisant exécuter successivement de légers changements de direction. L'adjudant-major se portera d'avance sur la ligne et y placera deux jalonneurs. Tous les bataillons de la ligne se conformeront à ce qui a été prescrit pour le premier.

3° Drapeaux à vos places ;

Mêmes principes pour les changements de direction à gauche et en retraite

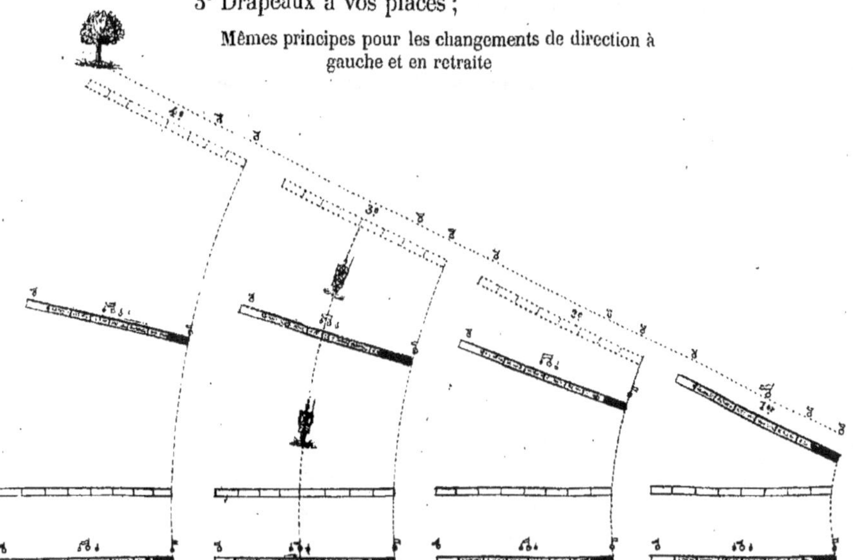

Si les bataillons de gauche étaient attaqués, ils feraient promptement un changement de direction à gauche, et alors la ligne présenterait un angle formidable.

Faire ployer et marcher en bataille une ligne de bataillons en colonnes.

Ce mouvement s'exécutera en colonne double, comme en colonne simple, et par division comme par peloton.

1° Mouvement par bataillon ;

Ce commandement ayant été répété, le commandant en chef fera les commandements suivants :

2° Colonne double à distance de peloton ;

Ce commandement répété, chaque chef de bataillon commandera : *Bataillon à gauche et à droite.*

3° Pas accéléré = MARCHE.

La ligne ainsi formée, marchera en avant comme une ligne de bataillons déployés.

1° Troisième bataillon de direction ;

Ce commandement sera répété, et chaque chef de bataillon vérifiera si les guides du côté du bataillon de direction sont perpendiculairement établis sur la ligne de bataille, se portera à 30 pas en arrière, et l'adjudant-major à pareille distance en avant. Le chef du bataillon de direction se conformera au n° 518 des Evolutions de Ligne.

2° Bataillons en avant ;

Les troisième et quatrième bataillons guide à droite, et les premier et deuxième guide à gauche.

Le guide général de droite de chaque bataillon se portera à 6 pas en avant du guide de la tête, et le chef de la première division, au premier rang, du côté opposé à la direction. L'adjudant-major à côté du guide et l'adjudant en arrière des guides du côté de la direction.

3° Pas accéléré = MARCHE ;

A ce commandement vivement répété, la ligne s'ébranlera ; elle passera les obstacles, comme il est indiqué, arrivera sur la nouvelle ligne de bataille ; elle sera arrêtée, serrée en masse et alignée. On lui fera changer de direction, marcher en retraite par le troisième rang, ou déployer.

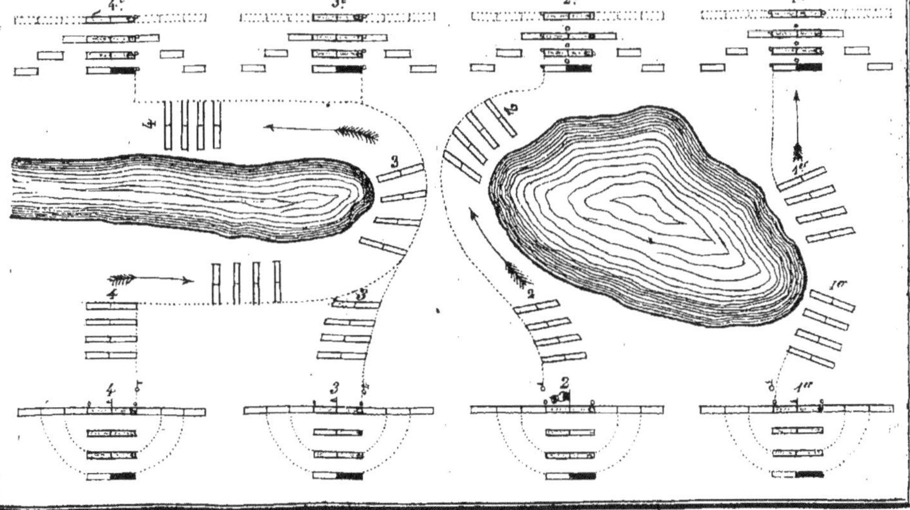

Passage du défilé en avant.

1° Pour passer le défilé en avant par la droite du troisième bataillon;

2° Par peloton (ou par section) à gauche et à droite;

Ces deux commandements ayant été répétés, les chefs des deux premiers bataillons commanderont : *Par peloton à gauche ;* ceux des deux derniers : *Par peloton à droite.*

3° Pas accéléré = MARCHE ;

A ce commandement répété, les bataillons rompront ; le commandant en chef fera placer deux jalonneurs aux points où les deux colonnes devront changer de direction. Le commandant en chef commandera ensuite :

4° Colonne en avant;

Ce commandement répété, les chefs de bataillon qui ont rompu à gauche, commanderont : *Guide à droite,* et ceux qui ont rompu à droite, commanderont : *Guide à gauche.*

5° Pas accéléré = MARCHE;

A ce commandement, les deux colonnes marcheront à la rencontre l'une de l'autre ; elles se réuniront dans le défilé en conservant leurs guides, qui marcheront au centre du défilé.

En sortant du défilé, on reformera la ligne comme il est indiqué ci-dessous. Si la colonne était par section, elle formerait les pelotons en sortant du défilé, de la manière suivante : Dans la colonne de droite, la première section, qui se trouve en arrière de la seconde, obliquera jusqu'à ce qu'elle soit démasquée ; et dans la colonne de gauche, ce sera la seconde section qui obliquera à gauche.

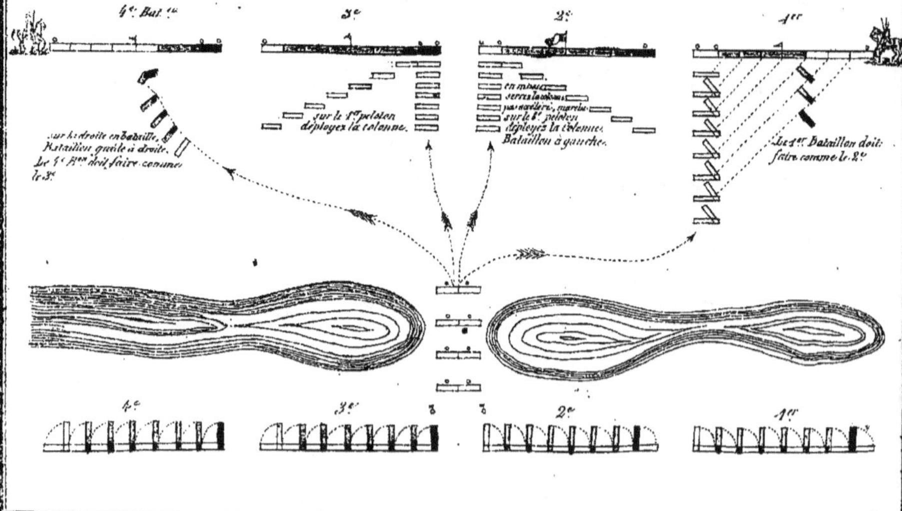

Passage du défilé en retraite.

En arrière par les deux ailes, passez le défilé.

Ce commandement ayant été répété, le chef de bataillon de l'aile droite commandera : *En arrière par l'aile droite, passez le défilé.* Celui de l'aile gauche : *En arrière par l'aile gauche, passez le défilé.*

Les deux ailes commenceront le mouvement ; les pelotons ou les sections se réuniront pour entrer dans le défilé, en changeant de direction à la hauteur des jalonneurs placés d'avance, et prendront le guide à droite, lorsqu'ils appartiendront à l'aile droite, et le guide à gauche, lorsqu'ils appartiendront à l'aile gauche ; de sorte qu'en passant le défilé, le guide sera au centre de chaque subdivision, et chaque chef de peloton au centre de son peloton (*Voyez* la Planche). Les bataillons exécuteront successivement le même mouvement ; ils passeront le défilé et viendront se reformer en bataille face au défilé ; les bataillons de droite reprenant le guide à gauche, et ceux de gauche le guide à droite. Une des deux colonnes fera la contre-marche pour établir les guides du même côté et rectifier la direction générale ; et le commandant en chef fera former la colonne à droite ou à gauche en bataille.

Ce mouvement peut s'exécuter par le flanc, par section, par peloton et par division et sur tous les points de la ligne où se trouverait le défilé.

S'il y avait cinq bataillons, le troisième passerait le défilé le dernier et tout seul ; il marcherait par division, viendrait prendre sa place, serrerait la colonne et se déploierait sur la quatrième division, après avoir exécuté la contre-marche (*Voyez* l'exemple suivant, Pl. 42).

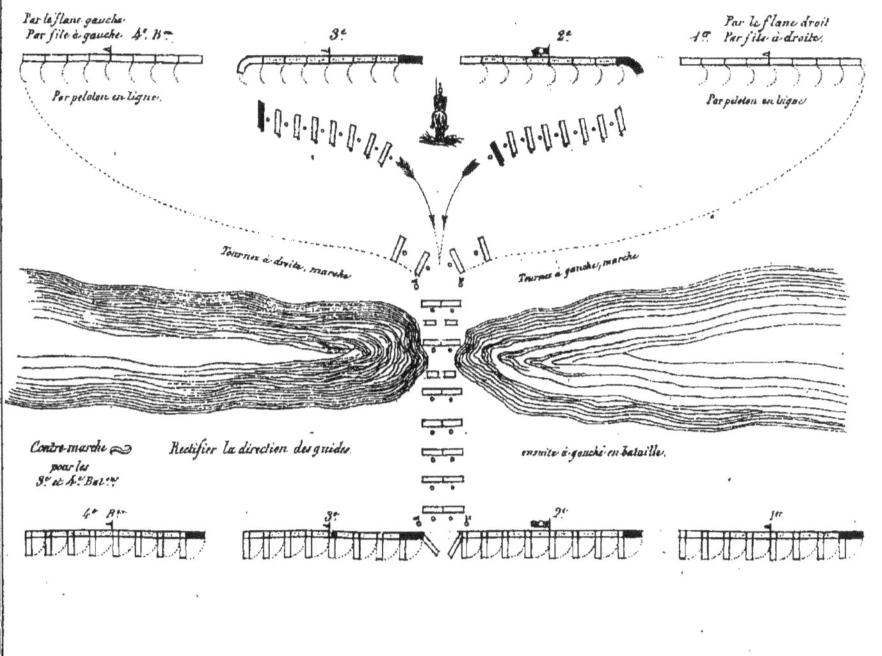

Passage du défilé en retraite.

POUR PLACER TROIS BATAILLONS A DROITE ET UN A GAUCHE.

(Cet exemple peut servir pour un plus grand nombre de bataillons, et démontre de quelle manière doit se placer et se déployer, en conservant son rang de bataille, le bataillon qui doit séparer la droite de la gauche.)

En arrière par les deux ailes, passez le défilé ;

Ce commandement répété, on exécutera comme à la planche précédente. Si le défilé était à la droite ou à la gauche de la ligne, le passage s'effectuerait sur une des ailes, en commandant : *En arrière par la droite* (ou par la gauche), *passez le défilé*, et en commençant par celle qui serait la plus éloignée du défilé. Dans le cas où ce défilé serait entre les troisième et quatrième bataillons, les deux premiers feraient leur mouvement en colonne simple, et les deux derniers, par les moyens et commandements indiqués.

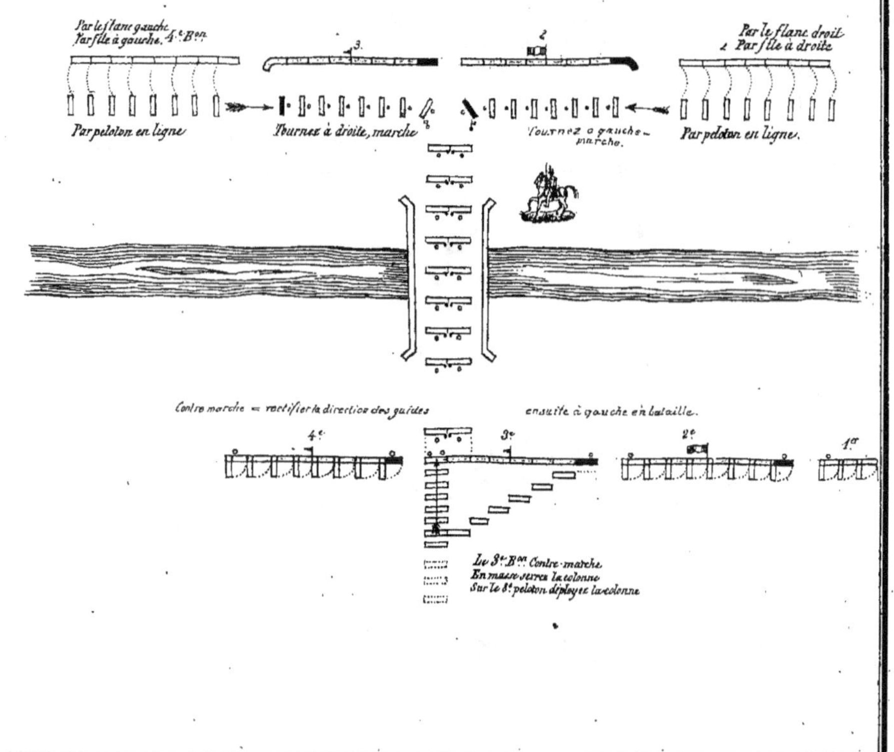

Changement de front perpendiculaire.

1° Changement de front en avant sur le premier bataillon ;

Ce commandement ayant été répété, le chef du premier bataillon lui fera exécuter aussitôt un changement de front en avant, comme il est prescrit à l'Ecole de Bataillon, nos 643 et suivants.

Le chef de chacun des autres bataillons le fera ployer en colonne double à distance de peloton, ce qui étant exécuté, il commandera : *Colonne en avant, guide à droite.*

2° Pas accéléré = MARCHE ;

A ce commandement vivement répété, les bataillons subordonnés se mettront en mouvement ; chaque bataillon se dirigeant sur le jalonneur placé sur le point du changement de direction, en avançant l'épaule gauche. La tête de chaque bataillon étant à 3 pas de la ligne de bataille, le chef de bataillon fera serrer la colonne en masse et la déploiera.

3° Drapeaux à vos places ;

Une ligne changera de front en avant sur sa gauche, d'après les mêmes principes et par les moyens inverses.

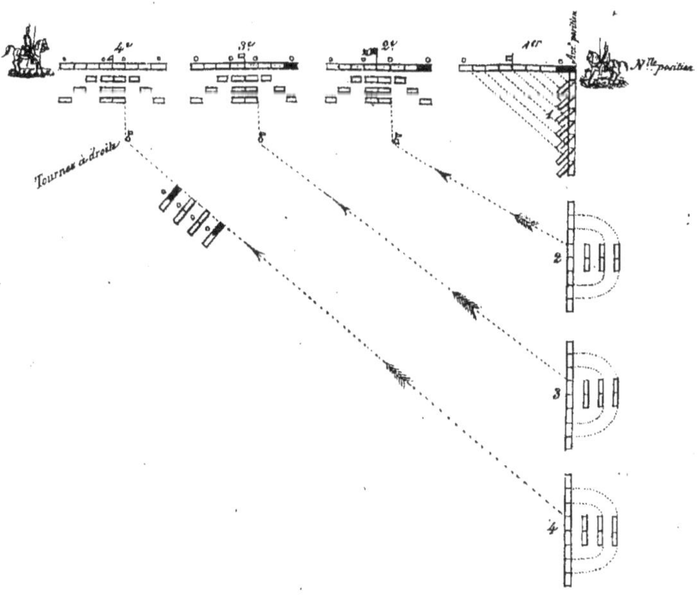

Changement de front en arrière sur le premier bataillon.

Pour faire changer de front en arrière sur la droite de la ligne, le premier peloton fera demi-tour à droite et conversera au commandement de *par peloton à gauche ;* il sera arrêté et remis face en tête pour être aligné à droite contre les deux jalonneurs que le chef de bataillon fera établir. Ces dispositions étant faites, le commandant en chef commandera :

1° Changement de front en arrière sur le premier bataillon;

Ce commandement ayant été répété, le chef du premier bataillon fera faire demi-tour et exécutera son mouvement immédiatement ; le chef de chacun des autres bataillons le fera ployer en colonne double, à distance de peloton, lui fera faire face par le troisième rang, et commandera ensuite : *Colonne en avant, guide à gauche.*

2° Pas accéléré = MARCHE;

A ce commandement vivement répété, la ligne se mettra en mouvement ; chaque bataillon se dirigeant sur le jalonneur placé au point où il devra faire *Tête de colonne à gauche*, traversera la ligne entre les deux jalonneurs, et lorsque la division de la tête l'aura dépassée de 24 pas, le chef de bataillon fera serrer la colonne en masse, lui fera faire *Face par le premier rang* et la déploiera.

3° Drapeaux à vos places;

Les changements de front en arrière sur la gauche de la ligne, s'exécuteront d'après les mêmes principes et par les moyens inverses.

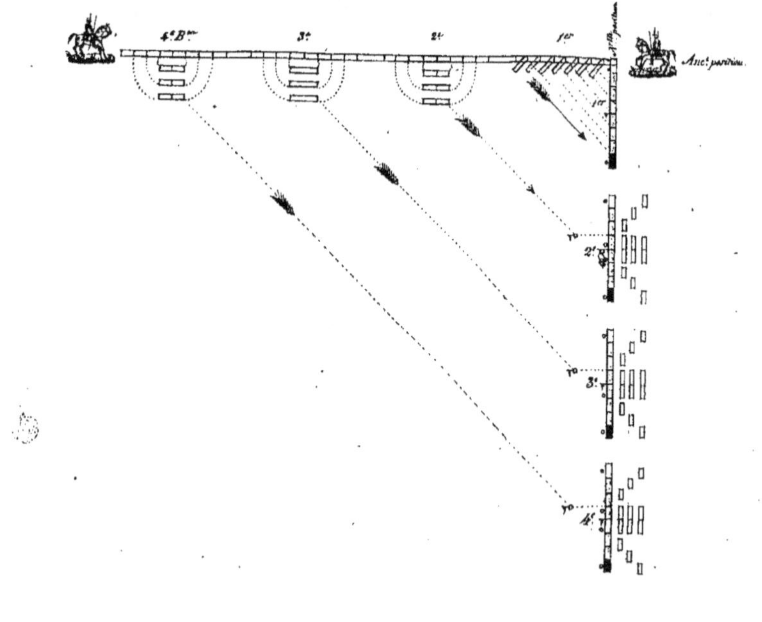

Changement de front central.

Le commandant en chef voulant faire changer de front sur le huitième peloton du deuxième bataillon, en portant l'aile gauche en avant, fera placer deux jalonneurs sur la direction qu'il veut donner à la nouvelle ligne de bataille, et fera établir le huitième peloton contre ces jalonneurs ; il ordonnera en même temps au chef du troisième bataillon de faire porter son premier peloton sur le même alignement, en conservant la distance de bataillon ; ces dispositions faites, il commandera :

1° Changement de front sur le deuxième bataillon, l'aile gauche en avant;

Le chef du deuxième bataillon lui fera faire demi-tour et commandera, ainsi que le chef du troisième bataillon : *Par peloton, demi à droite*. Les premier et quatrième bataillons formeront *la colonne double* à distance de peloton ; le premier bataillon fera *face par le troisième rang*, et les deux chefs de ces bataillons commanderont : *Colonne en avant, guide à droite*.

2° Pas accéléré = MARCHE;

Les bataillons exécuteront ceux de droite, comme il est prescrit dans les changements de front en arrière; et ceux de gauche, comme il est prescrit dans les changements de front en avant.

3° Drapeaux à vos places;

Si la ligne était composée de six ou huit bataillons, on prendrait pour base d'alignement un bataillon au lieu d'un peloton.

Les changements de front obliques s'exécuteront par les mêmes principes.

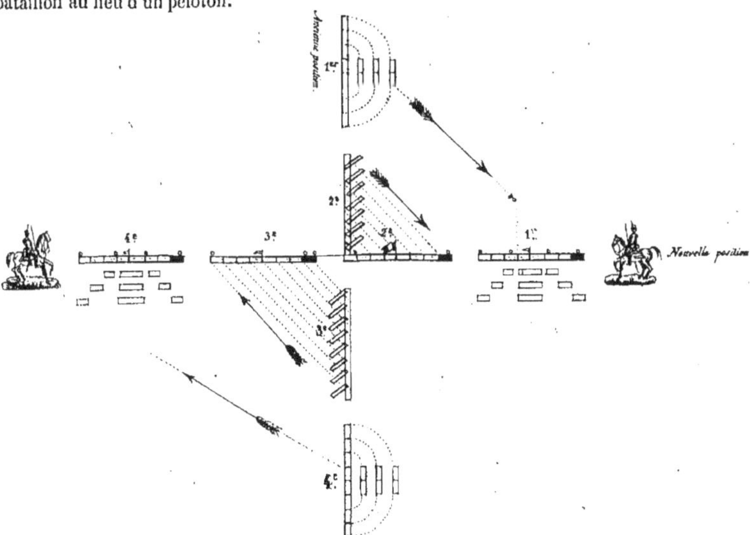

Si le commandant en chef veut porter l'aile droite en avant, au lieu de l'aile gauche, il prendra pour base d'alignement le huitième peloton du deuxième bataillon et commandera : *Changement de front sur le huitième peloton du deuxième bataillon, l'aile droite en avant*, etc.

N° 46. CINQUIÈME PARTIE, N° 719.

Changement de front sur deux lignes.

Lorsque deux lignes, placées l'une derrière l'autre, devront changer de front, la première exécutera toujours son mouvement comme si elle était seule. La position de la deuxième ligne étant nécessairement subordonnée à celle de la première, la seconde ligne ne peut, comme elle, exécuter son mouvement à pivot fixe ; en conséquence elle emploiera, pour se porter sur la nouvelle position, les moyens indiqués ci-après.

Le centre des bataillons de la seconde ligne se trouve vis-à-vis le milieu de l'intervalle qui sépare ceux de la première. La distance d'une ligne à l'autre n'est pas limitée ; ici nous la supposons d'environ 400 pas.

Pour changer de front perpendiculairement en avant sur la droite de la première ligne, le commandant en chef placera trois jalonneurs : deux devant l'emplacement que doit occuper le peloton de droite de cette ligne, et le troisième à 100 pas plus loin ; il devra faire prolonger cette ligne par des officiers à cheval.

Le commandant en chef ordonnera ensuite à un officier de tracer la nouvelle direction de la seconde ligne, et préviendra en même temps le commandant de chaque ligne du mouvement qu'il veut exécuter.

L'officier chargé de tracer cette direction se portera à la droite de la première ligne, fera un à gauche et marchera 400 pas devant cette ligne ; s'arrêtera et placera un jalonneur, B ; un second, E, à 100 pas du premier dans une direction parallèle à celle de la première ligne, et enfin un troisième, D, au point où devra appuyer la droite de la ligne. La base de la deuxième ligne étant ainsi établie, on la fera prolonger.

Ces dispositions étant achevées, le commandant en chef fera un seul commandement :

Changement de front perpendiculaire en avant sur la droite de la première ligne;

A ce commandement répété, la première ligne exécutera comme si elle était seule (*Voyez* la Planche n° 43). Les deux premiers bataillons de la deuxième feront par peloton à gauche ; le troisième se formera en colonne à distance entière sur le quatrième peloton la gauche en tête, et le quatrième formera la colonne double dès que ces dispositions seront achevées, la deuxième ligne se mettra en mouvement au commandement de son chef.

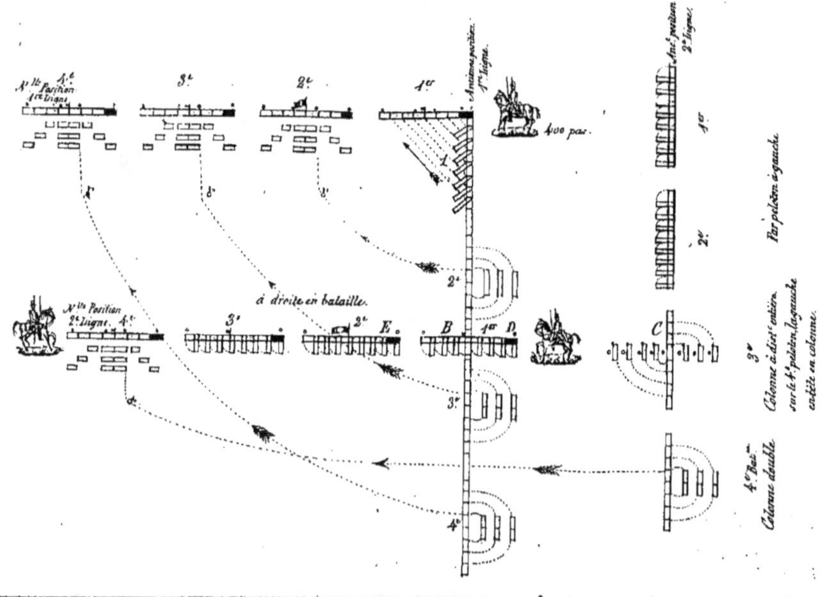

Changement de front perpendiculaire en arrière.

Le commandant en chef voulant faire exécuter un changement de front en arrière sur la droite de la première ligne, fera porter le peloton de droite sur la nouvelle direction, placera les deux jalonneurs et un troisième à 100 pas du point d'appui, et fera prolonger la ligne par des officiers à cheval. L'aide-de-camp chargé de tracer la nouvelle direction de la seconde ligne, se portera à la droite de la première ; fera un à droite ; marchera environ 400 pas sur le prolongement de cette ligne ; s'arrêtera ; placera le jalonneur B ; un second E à 100 pas du premier dans la direction qui a été indiquée ; un troisième D sur le prolongement de ceux-ci, au point où doit appuyer la droite de la deuxième ligne, et un quatrième C sur le prolongement de cette base, où les bataillons de droite doivent traverser la nouvelle ligne de bataille. C'est sur ce jalonneur que le commandant de la seconde ligne déterminera le nombre de bataillons qui doivent rompre par *Peloton à droite* et ceux qui doivent former la *Colonne double*. Ces dispositions achevées, le commandant en chef fera son commandement :

Changement de front perpendiculaire en arrière sur la droite de la première ligne.

Après ce commandement général, qui sera répété, la première ligne exécutera son mouvement comme si elle était seule. Les trois premiers bataillons de la deuxième, rompront par *Peloton à droite,* le quatrième formera la *Colonne double* et fera face par le troisième rang ; elle se mettra en mouvement comme la première sur le commandement du commandant de la ligne.

Tous les bataillons se porteront diagonalement vers la nouvelle ligne de bataille, en prenant le guide à gauche, et en avançant l'épaule droite ; mais le quatrième bataillon de la deuxième ligne *tournera à gauche* en partant, pour arriver plus directement sur son emplacement.

Le premier bataillon de la deuxième ligne dépassera toujours la droite de la première d'un demi-bataillon, pour la prompte exécution du passage des lignes.

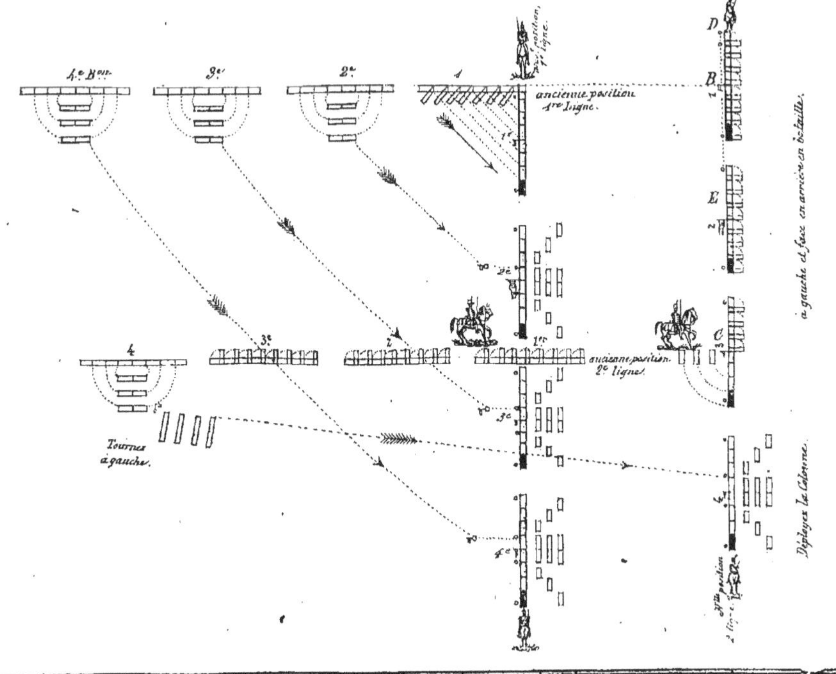

Changement de front perpendiculaire, l'aile gauche en avant.

Le commandant en chef voulant faire exécuter un changement de front sur le huitième peloton du deuxième bataillon de la première ligne, en portant l'aile gauche en avant, fera jalonner les pelotons de la premiere ligne qui doivent servir de base, et chargera un aide-de-camp de tracer la nouvelle position de la seconde; cet officier se portera à la gauche du huitième peloton du deuxième bataillon de la première ligne; marchera environ 400 pas perpendiculairement en arrière, et placera un jalonneur A au point où il se sera arrêté; un second B à 100 pas en avant de la première ligne; un troisième C à 100 pas en arrière sur le prolongement des deux premiers, et enfin un quatrième D sur le point d'intersection de l'ancienne et de la nouvelle position de la seconde ligne. La base de la nouvelle direction étant ainsi établie, le commandant en chef fera son commandement:

Changement de front perpendiculaire sur le huitième peloton du deuxième bataillon de la première ligne, l'aile gauche en avant.

A ce commandement répété, la première ligne exécutera comme si elle était seule.

La seconde rompra par *Peloton à gauche,* se mettra en marche, changera de direction à droite au point D et s'arrêtera lorsque le cinquième peloton du troisième bataillon arrivera à la hauteur du point A qui correspond au huitième peloton du deuxième bataillon de la première ligne; elle se formera à droite en bataille, et les quatre derniers pelotons *Face en arrière en bataille.*

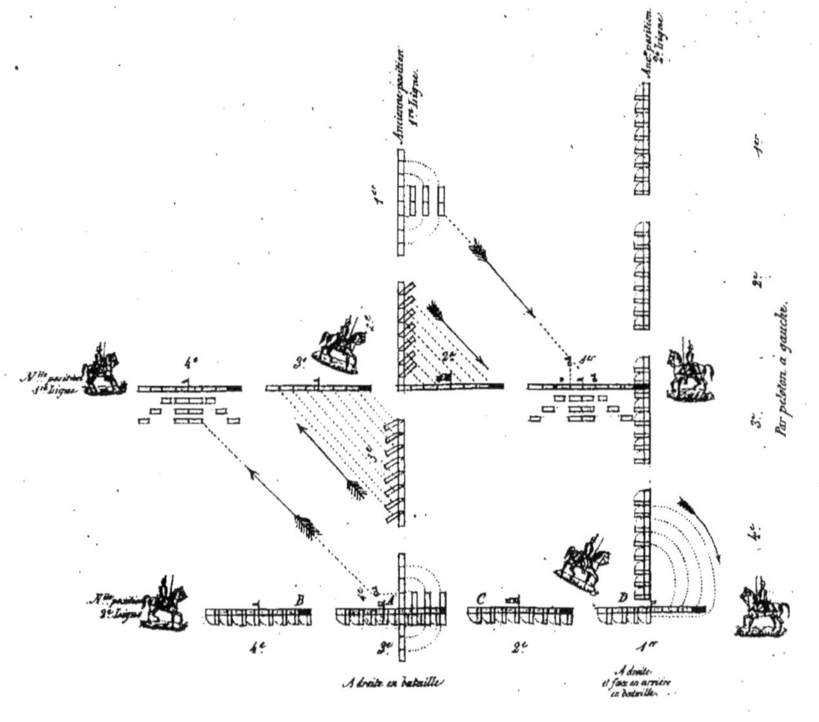

Changement de front perpendiculaire sur le centre.

Changement de front perpendiculaire sur le quatrième bataillon de la première ligne, l'aile droit en avant.

Cet exemple explique l'article 752, et démontre de quelle manière les bataillons de la deuxième ligne doivent arriver sur la nouvelle direction, lorsqu'ils débordent à droite ou à gauche l'alignement tracé. Ici les premier et deuxième bataillons sont en dehors ; ils forment la colonne double et vont ainsi rejoindre leur place de bataille.

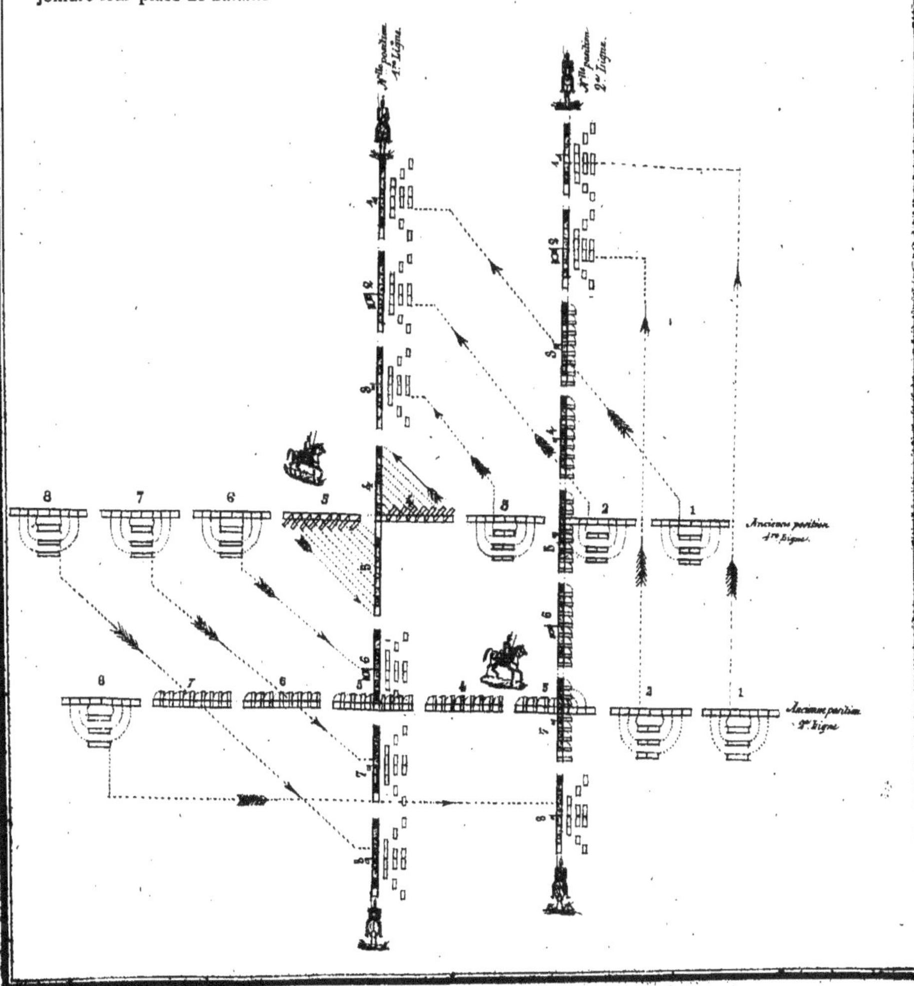

Changement de front oblique.

Les changements de front obliques s'exécuteront d'après les mêmes principes que les changements de front perpendiculaires, mais en observant ce qui suit : le bataillon de direction proportionnera sa conversion à l'angle que forment l'ancienne et la nouvelle ligne, et les bataillons subordonnés, après avoir été ployés en colonnes doubles, se porteront sur la nouvelle ligne de bataille, par les moyens indiqués au n° 634 ou 647.

Lorsque ce changement s'exécutera sur deux lignes, la première exécutera toujours son mouvement comme si elle était seule, et la seconde emploiera les moyens ci-après.

Le commandant de chaque ligne fera commencer son mouvement aussitôt que la base de sa nouvelle direction sera établie.

Changement de front oblique en avant sur la droite de la première ligne.

Pour établir la base d'alignement, l'adjudant-major du premier bataillon fera face à gauche, marchera 50 pas le long du premier rang, s'arrêtera et fera alors face à droite ; il se portera ensuite perpendiculairement en avant, en comptant les pas. Le commandant en chef l'arrêtera à l'instant où il lui couvrira le point de direction de gauche de la nouvelle position. On suppose que cet adjudant aura fait 70 pas en avant; il placera sur ce point un jalonneur faisant face au commandant en chef, établira les deux jalonneurs du premier peloton, et la ligne oblique sera prolongée par des officiers à cheval. La base de la première ligne étant assurée, un officier sera chargé de tracer la nouvelle position de la seconde ligne ; il se portera sur le front de la première, fera carrément demi-tour et se portera à 500 pas du point d'appui de droite, placera un jalonneur A. Il fera répéter par l'adjudant-major du deuxième bataillon, l'opération que le commandant en chef a fait faire par celui du premier de la première ligne ; placera les jalonneurs, fera prolonger la ligne par des officiers à cheval, et le mouvement commencera conformément au n° 727 des Évolutions de Ligne.

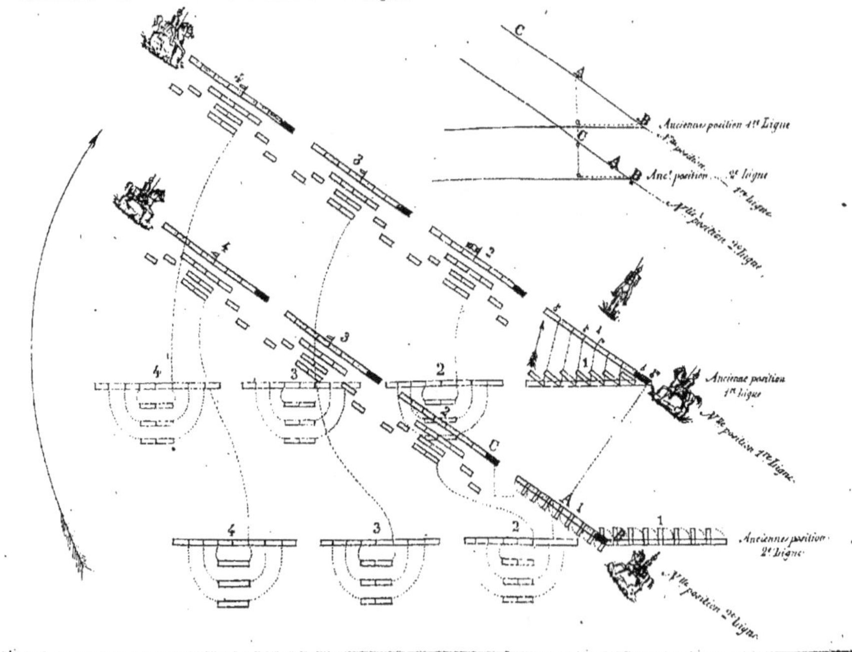

Changement de front oblique.

Changement de front oblique en arrière, sur la droite de la première ligne.

Ce mouvement s'exécutera d'après les principes prescrits nos 717 et 734 ; mais le commandant en chef, après avoir déterminé la nouvelle direction de la première ligne, fera mesurer l'angle que forme cette direction avec l'ancienne, en arrière de la droite du troisième rang du premier bataillon, et l'adjudant-major exécutera comme à la planche précédente, mais en arrière de la ligne.

L'officier chargé de tracer la nouvelle direction de la seconde ligne, se portera sur le prolongement de la première, à droite du point d'appui, à la distance indiquée. Il placera un jalonneur B au point où il se sera arrêté, et un second à 50 pas vers la droite de la ligne.

Un officier qu'il aura désigné se portera à hauteur de ce second jalonneur, et marchera perpendiculairement en arrière de la ligne, le nombre de pas fixé pour l'ouverture de l'angle, qu'on suppose être de 80 ; ce qui étant exécuté, la base d'alignement sera tracée de la manière indiquée n° 756, en plaçant les jalonneurs A, C et D, et sera prolongée à gauche par des officiers à cheval.

Ces dispositions achevées, la seconde ligne se portera sur sa nouvelle position, en changeant de front obliquement en arrière, et le premier bataillon en rompant par peloton à droite.

La première exécutant son mouvement de la manière indiquée au n° 734.

Le changement de front oblique en arrière sur la gauche de la première ligne, s'exécutera d'après les mêmes principes.

Dans les changements de front de plusieurs bataillons, soit obliques ou perpendiculaires, on prendra toujours pour base du mouvement, le peloton de droite ou le peloton de gauche d'un bataillon.

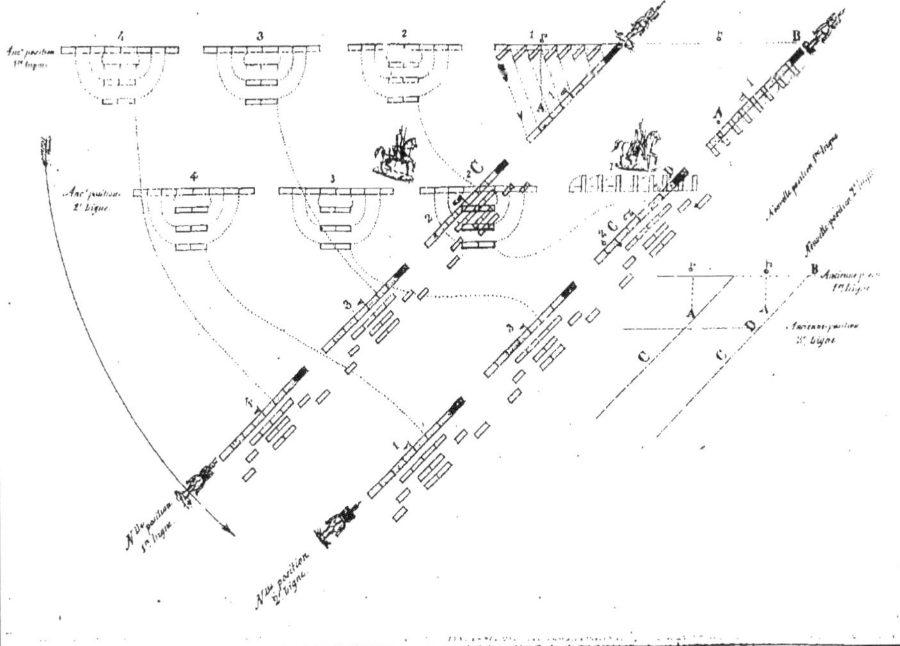

Changement de front oblique.

Changement de front oblique sur le premier peloton du deuxième bataillon, l'aile gauche en avant.

Pour tracer la nouvelle direction de la première ligne, l'adjudant-major du deuxième bataillon marchera 50 pas le long de la droite du bataillon, et 50 pas perpendiculairement en avant. Ces dispositions étant prises, le commandant en chef fera jalonner le premier peloton du deuxième bataillon et le huitième du premier. Après avoir fait porter ces pelotons sur le nouvel alignement, il fera prolonger la nouvelle ligne par des officiers à cheval.

L'officier chargé de tracer la direction de la seconde lignes, s'et porté sur le front de la première à 500 pas de la droite du deuxième bataillon, et a fait répéter par l'adjudant-major du troisième bataillon l'opération que le commandant en chef a fait exécuter par celui du deuxième. Il a ensuite fait prolonger la base d'alignement, et a fait placer un jalonneur au point d'intersection de l'ancienne et de la nouvelle position.

Ces dispositions étant faites, les lignes se mettront en mouvement, comme il est indiqué ci-dessous.

Si en changeant de front sur le centre, on veut porter l'aile droite en avant, le mouvement s'exécutera d'après les mêmes principes.

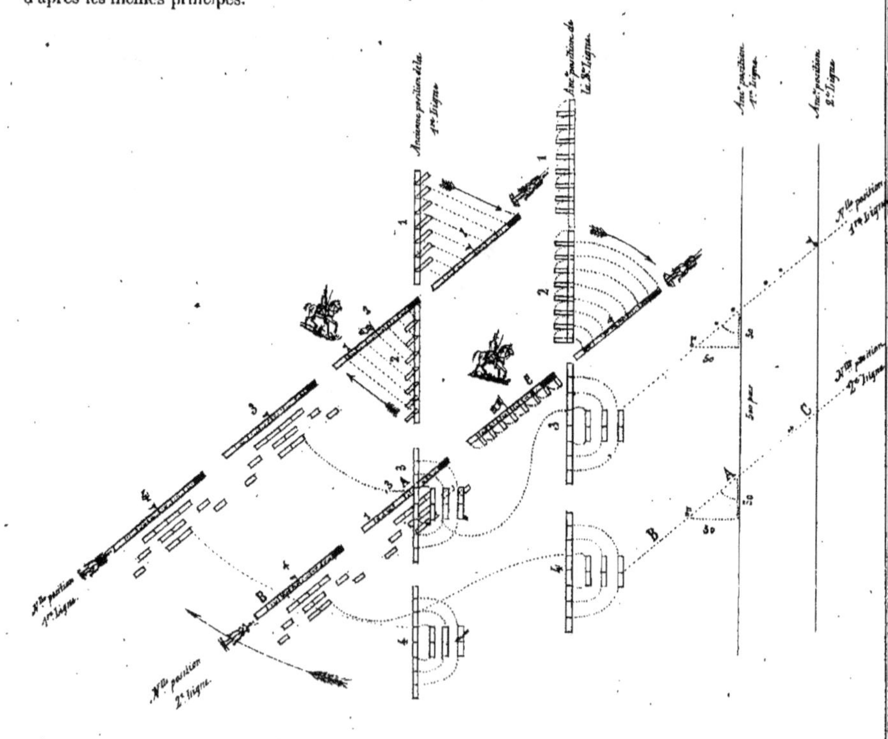

Ordre en échelons.

On peut former les échelons parallèlement ou obliquement à la ligne de bataille, par la droite ou par la gauche de la ligne, par bataillon, par régiment ou par brigade.

Echelons directs en avant.

1° Echelons par bataillon à (tant de) pas ;

2° En avant par la droite, formez les échelons ;

Ces commandements ayant été répétés, le premier bataillon se mettra en marche, conformément au n° 516, et sera le bataillon de direction ; les échelons suivants se mettront successivement en marche, en observant de laisser entre eux le nombre de pas prescrit. Le commandant de chaque échelon fera compter les pas de l'échelon qui précède immédiatement le sien. Le serre-file placé à la droite de chaque échelon servira à la conservation des intervalles. Si le commandant en chef veut arrêter, il en enverra l'ordre ; mais s'il veut reformer la ligne, il arrêtera le premier échelon ; il déterminera la direction, etc. ; les autres viendront s'arrêter successivement à quatre pas de la ligne de bataille, et prendront l'alignement en faisant sortir les *drapeaux et guides.*

Lorsque l'alignement sera terminé, et que chaque commandant aura fait rentrer les guides, le commandant en chef commandera :

3° Drapeaux à vos places ;

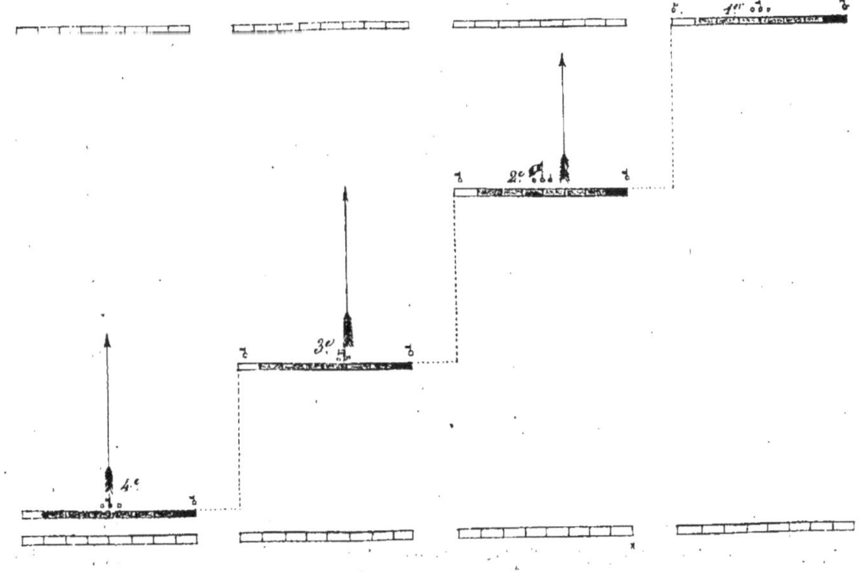

Echelons directs en retraite.

1° Echelons par bataillon à (tant de) pas ;

2° En retraite par la droite, formez les échelons ;

Ces commandements ayant été répétés, le chef du premier bataillon lui fera faire demi-tour à droite et le mettra en marche. Le chef du second échelon lui fera faire demi-tour à droite assez tôt pour pouvoir le mettre en marche dès qu'il aura sa distance.

Chacun des échelons suivants se conformera, à son tour, à ce qui vient d'être prescrit pour le second échelon.

On reformera la ligne ou on l'arrêtera en retraite comme en avant.

On formera les échelons en retraite par la gauche, d'après les mêmes principes.

Le bataillon qui se mettra le premier en marche, en avant comme en retraite, sera toujours le bataillon de direction.

En retraite, les échelons dépasseront la ligne de bataille, feront face en tête, s'aligneront sur les drapeaux et guides, et lorsque l'alignement sera terminé et les guides rentrés, le commandant en chef commandera :

3° Drapeaux à vos places ;

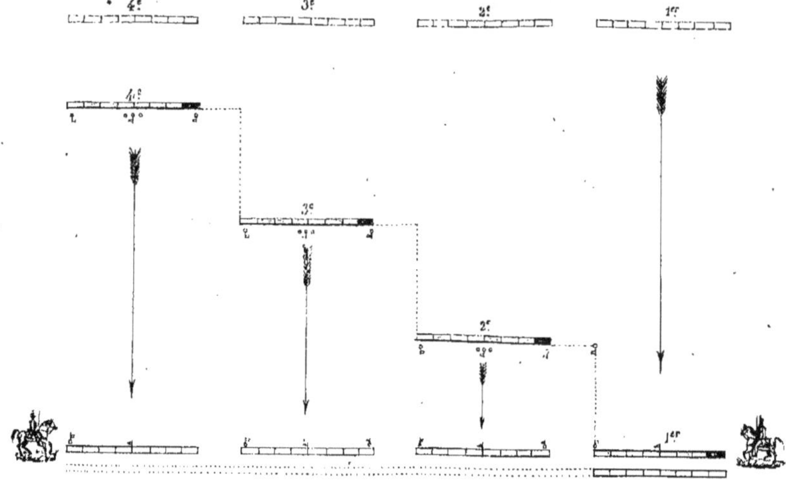

N. B. On pourra former les échelons de pied ferme sur un bataillon du centre comme sur l'une des ailes.

Echelons obliques.

Si le mouvement doit se faire par la droite, le commandant en chef se portera à la droite de la ligne et déterminera la nouvelle direction qu'il jugera convenable de donner aux échelons. Nous supposons que l'ouverture de l'angle est telle, que l'adjudant-major après avoir marché 50 pas le long du front du bataillon, on ait marché 30 pas perpendiculairement en avant.

L'ouverture de l'angle étant déterminée, le commandant du premier échelon lui fera aussitôt changer de front en avant sur le peloton de droite, et enverra en même temps au commandant de chacun des autres échelons l'ordre d'exécuter un changement de front en avant à 30 pas, sur le peloton de droite de son échelon.

Ces dispositions étant achevées, le commandant en chef commandera :

1° Echelons par bataillon à (tant de) pas;

Les deuxième, troisième et quatrième bataillons, pour se décroiser, feront *par peloton en arrière à gauche*, et marcheront, guide à droite, jusqu'à ce que le premier peloton de droite ait dépassé de 24 pas la gauche de l'échelon qui se trouve immédiatement en avant; alors il s'arrêtera et se formera *à droite en bataille*.

2° En avant par la droite, formez les échelons.

Les échelons se mettront successivement en marche, en se conformant aux principes et commandements de l'art. 487 de l'École de Bataillon. Ils s'arrêteront et se formeront en ligne, comme les échelons directs.

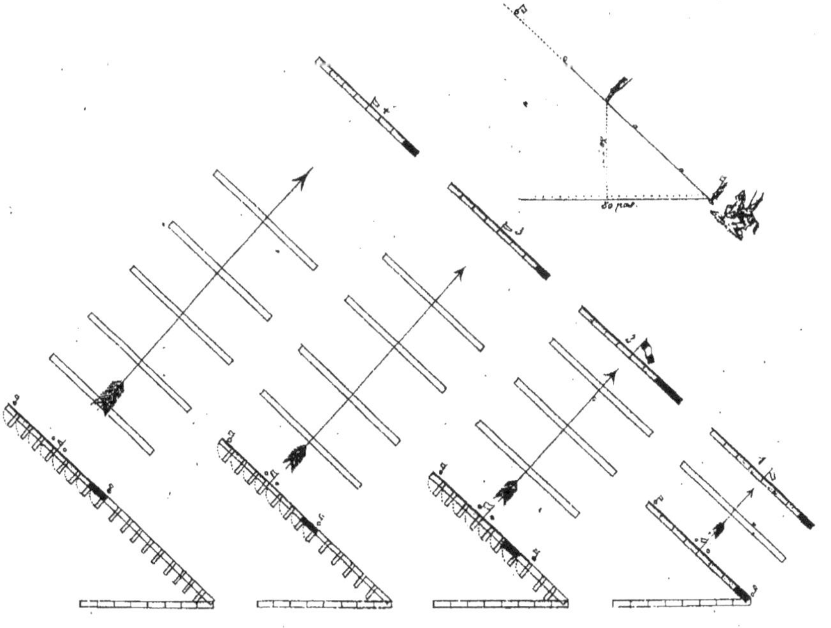

N° 56. CINQUIÈME PARTIE, N° 825.

Echelons par bataillon en masse.

RETRAITE SOUTENUE PAR DES TIRAILLEURS.

Habituellement, les échelons marchent étant déployés; mais on peut ployer chaque bataillon en colonne par division, en arrière de la première, si les échelons sont formés par la droite, et en arrière de la quatrième, s'ils sont formés par la gauche. Dans cet exemple, nous ployons sur la deuxième division la droite en tête, avant la formation des échelons.

1° Echelons par bataillon à (tant de) pas;

2° En retraite par la droite, formez les échelons;

Ces commandements ayant été répétés, le premier bataillon fera demi-tour et se mettra en marche, protégé par sa compagnie de voltigeurs qui sera toujours à 20 ou 30 pas de la première division. Les échelons suivants compteront les pas et se mettront en marche successivement. Ils pourront former le carré sur l'ordre du Commandant en chef, en faisant sonner le rappel, ou se porter sur la ligne de bataille déterminée par le premier échelon.

Ce mouvement s'exécutera par les mêmes principes, en avant, comme par la gauche.

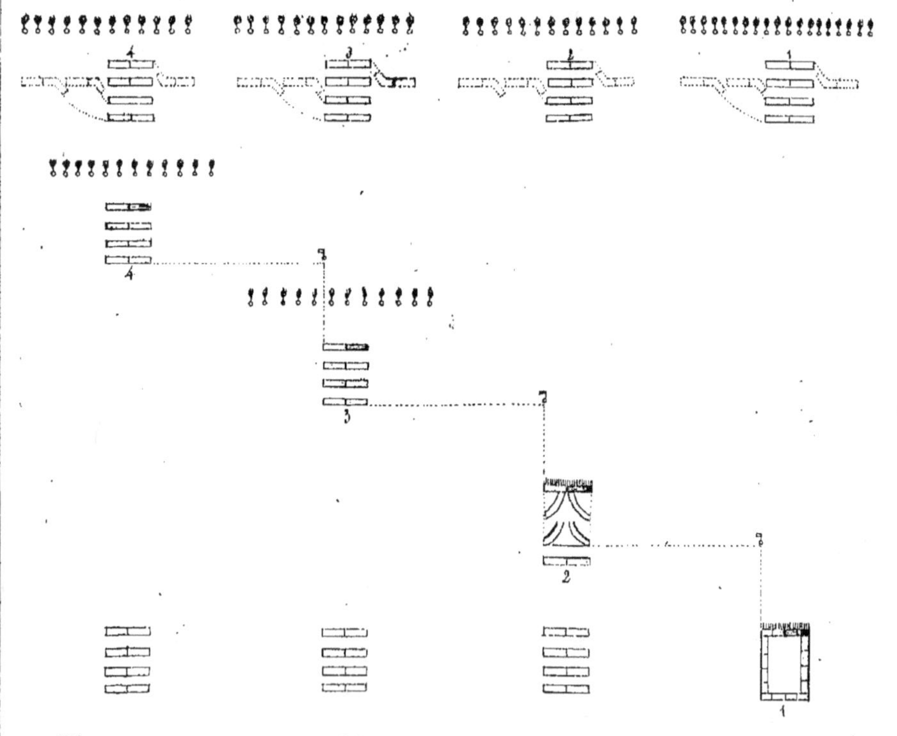

Retraite en échiquier.

Deux officiers seront désignés pour commander les bataillons impairs et les bataillons pairs; celui qui commencera le mouvement étant prévenu de la position où il devra arrêter la ligne, le commandant en chef commandera :

1° Retraite en échiquier;

2° Bataillons impairs (ou pairs), commencez le mouvement;

Ces commandements ayant été répétés, l'officier commandant les bataillons impairs commandera :

1° Bataillons impairs, face en arrière;

Les chefs de bataillon répéteront et commanderont : *Bataillon, demi-tour à droite.*

2° (Tel) bataillon de direction;

3° Bataillons en avant;

4° Pas accéléré = MARCHE;

Ces commandements ayant été répétés, les bataillons désignés s'ébranleront; les chefs de bataillon arrêteront au point indiqué, remettront face en tête et rectifieront l'alignement. Dès que les bataillons impairs feront face en tête, les bataillons pairs commenceront leur mouvement, passeront par le milieu des intervalles de la ligne des bataillons impairs, seront arrêtés à la distance indiquée, remis face en tête, l'alignement sera rectifié, ainsi de suite alternativement.

Pour reformer la ligne, on battra un rappel qui sera répété et les bataillons de la première ligne viendront se placer dans les intervalles de la deuxième, feront face en tête, et le commandant en chef fera prendre un alignement général s'il y a lieu.

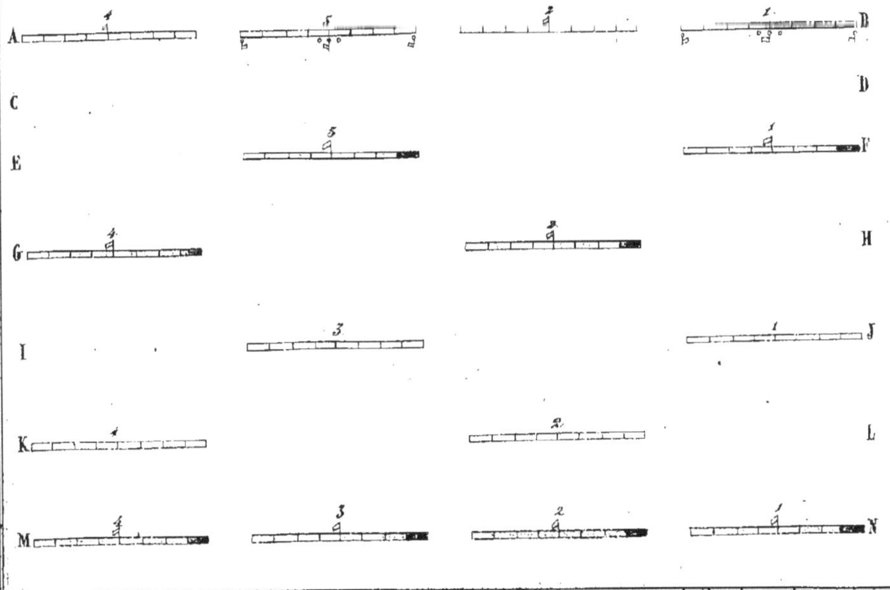

Passage des lignes en retraite.

On suppose les lignes sur les positions qu'elles doivent occuper. Le commandant en chef donnera l'ordre d'exécuter le passage des lignes en retraite. Le chef de la deuxième formera la colonne double serrée en masse et disposera les bataillons vis-à-vis le centre de l'intervalle de droite ou de gauche des bataillons correspondants de la première ligne, selon l'ordre qu'en donnera le commandant en chef.

Le commandant de la première ligne commandera :

1° Passage des lignes en retraite ;

Ce commandement répété, les chefs de bataillon feront faire *demi-tour à droite*.

2° Bataillons en avant ;

3° Pas accéléré = MARCHE ;

A ce commandement vivement répété, les bataillons se mettront en retraite, en dirigeant le drapeau sur le milieu des intervalles ; à 40 pas de la deuxième ligne, on exécutera le passage d'obstacle ; on traversera ainsi la seconde ligne ; on fera rentrer en ligne les pelotons des extrémités, et on ira prendre position. Aussitôt la première ligne passée, la deuxième se déploiera et exécutera, en retraite, les mêmes mouvements que la première.

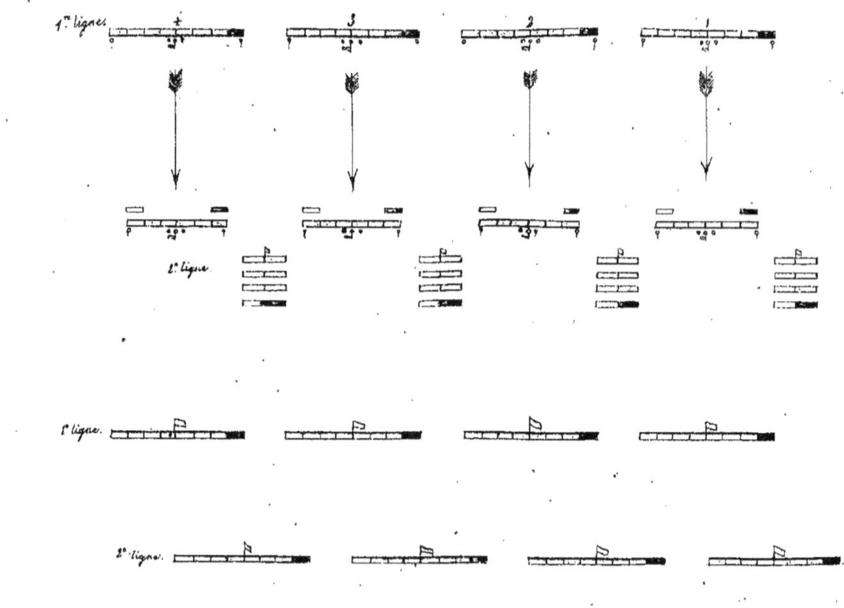

Passage des lignes en avant.

Lorsque le commandant en chef voudra faire exécuter le passage des lignes en avant, il enverra l'ordre au commandant de la seconde ligne de la disposer en colonne double, en arrière de la première, de la manière indiquée nos 843 et 844, si elle ne l'est déjà. La seconde ligne étant ainsi disposée, le commandant en chef lui enverra l'ordre de commencer le mouvement, et il en fera prévenir le commandant de la première. Le commandant de la seconde ligne commandera aussitôt :

1° Passage des lignes en avant ;

2° Bataillons en avant ;

Ces commandements ayant été répétés, chaque chef de bataillon commandera : *Guide, au centre.*

3° Pas accéléré = MARCHE ;

A ce commandement vivement répété, la seconde ligne se portera en avant ; chaque bataillon se dirigera sur le milieu de l'intervalle qui lui correspond dans la première ligne. A l'approche de la seconde ligne, le chef de chaque bataillon de la première fera ployer les pelotons des extrémités à 3 pas en arrière des pelotons contigus. La seconde ligne traversera ainsi la première et lorsqu'elle l'aura dépassée, le commandant désignera un bataillon de direction, qui prendra le guide à droite ; les bataillons subordonnés auront le guide du côté de la direction. Les bataillons, arrivés à la position indiquée, seront arrêtés et déployés. On continuera le mouvement en faisant ployer alternativement les lignes en colonne double pour les porter en avant ; elles seront successivement déployées (par les moyens indiqués aux nos 684 et 685 de l'Ecole de Bataillon), quand elles arriveront aux points qui leur sont assignés.

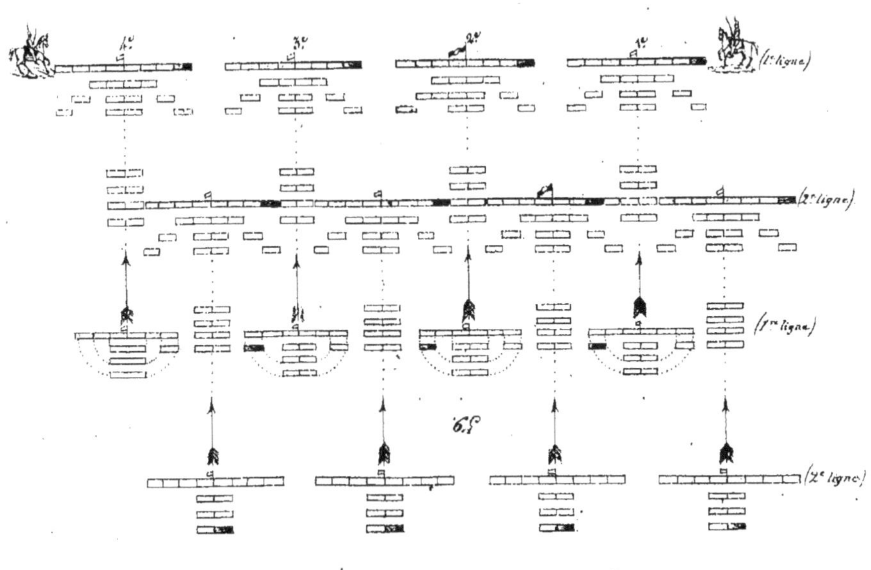

Dispositions contre la cavalerie.

Un carré ne réunira jamais plus de trois bataillons, et les réserves se composeront des quatrièmes divisions des deux premiers bataillons. On suppose un régiment de trois bataillons en colonne par division, à distance entière.

1° Pour former le carré;

2° A distance de peloton, serrez la colonne;

3° Pas accéléré = MARCHE;

Au troisième commandement, les chefs des quatrièmes divisions des premier et deuxième bataillons feront mettre trois files de droite et de gauche en arrière, et feront serrer en masse; les guides de droite et de gauche appuyant à la dernière file restée en ligne. La division qui marche après celle qui serre en masse, aura soin de prendre sa distance de peloton sur celle qui précède la réserve. La quatrième division du troisième bataillon se conformera à l'Ecole de Bataillon, n°s 697 et 698, relativement aux serre-files, tambours et sapeurs.

1° Formez le carré;

Ce Commandement sera répété par les chefs de bataillon qui commanderont : *A droite et à gauche en bataille*. Les chefs de peloton préviendront leur peloton. Les chefs de divisions de réserve commanderont : *quatrième division, en avant, guide au centre*. La première division ne bougera pas. Le chef de la quatrième division du troisième bataillon commandera : *quatrième division en avant, guide à gauche*. Les adjudants-majors, adjudants et les guides exécuteront ce qui est prescrit à l'article 700 de l'École de Bataillon.

2° Pas accéléré = MARCHE.

Les pelotons feront à droite et à gauche en bataille et les réserves se porteront en avant, guide au centre, l'étendue du front d'un peloton, et doubleront les sections au commandement du chef de la division : *Sur le centre, doublez les sections*. Les chefs de section feront faire à droite et à gauche et déboiter en arrière, et le chef de division commandera : *Pas accéléré—marche*. Les files qui étaient en arrière rentreront en ligne. La quatrième division serrera pour fermer le carré; fera demi-tour à droite et sera alignée par le troisième rang. Les adjudants-majors et adjudants se conformeront à l'art. 711 de l'École de Bataillon.

Les première et dernière files des divisions des extrémités du carré, feront à gauche et à droite (n°s 705 et 707 de l'École de Bataillon). Le carré étant formé, le commandant en chef commandera :

3° Guides à vos places;

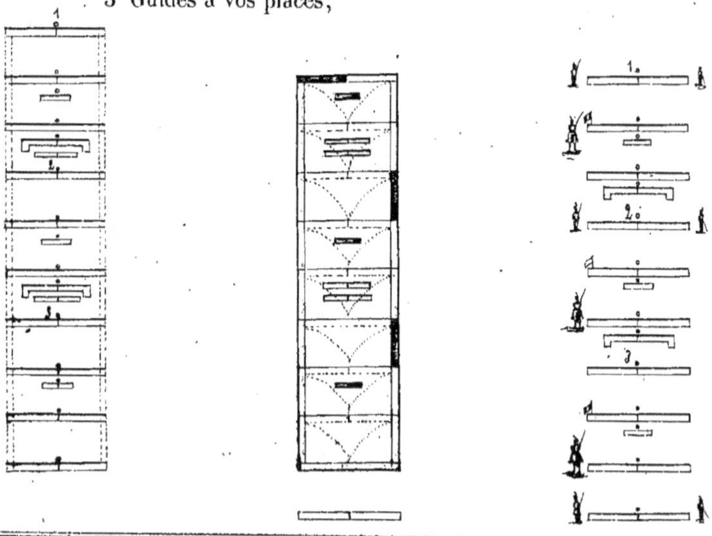

Formation du carré.

Si au lieu de faire serrer la colonne sur la division de la tête, le commandant du régiment veut exécuter ce mouvement sur une autre division, il commandera :

1° Pour former le carré ;
2° Sur la première division du deuxième bataillon à distance de peloton, serrez la colonne ;
3° Pas accéléré = MARCHE ;

Les deux premiers commandements ayant été répétés, le chef de la quatrième division du premier bataillon fera mettre trois files de droite et trois files de gauche en arrière ; ce qui étant exécuté, le chef de bataillon fera faire demi-tour à droite à son bataillon. L'adjudant-major se portera à distance de peloton en avant de la première division du deuxième bataillon, pour marquer le point où la troisième division de son bataillon devra être arrêtée.

Au commandement de *Marche*, le bataillon serrera ; les files de la quatrième division qui ont été mis en arrière marcheront en avant du troisième rang, et lorsque le premier rang de cette division aura dépassé de six pas environ l'adjudant-major, le chef de la division l'arrêtera, la remettra face en tête et l'alignera à gauche. La troisième division sera arrêtée à hauteur de l'adjudant-major, et les autres se conformeront au n° 218 de l'École de Bataillon. Les deuxième et troisième bataillons exécuteront comme il est prescrit n° 866. Cette colonne ainsi formée, pourra, suivant les circonstances, être mise en marche ou former le carré (*comme à la page précédente.*)

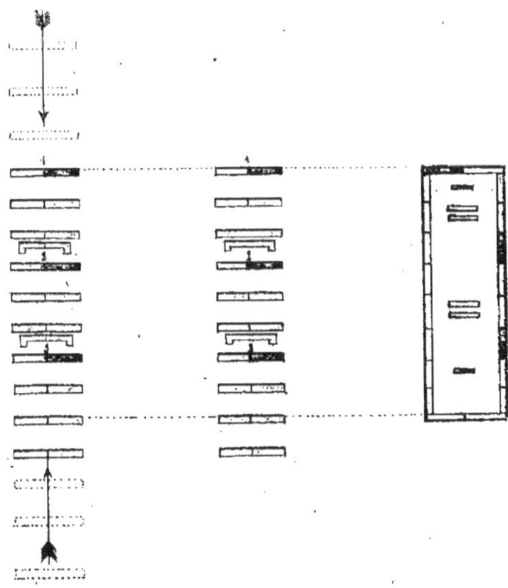

Formation du carré.

Si la colonne est serrée en masse, le commandant du régiment lui fera prendre distance de peloton sur telle division qu'il jugera convenable. (*On suppose que ce soit sur la première du deuxième bataillon.*) A cet effet il commandera :

1° Pour former le carré ;

2° Sur la première division du second bataillon, prenez distance de peloton ;

3° Pas accéléré = MARCHE ;

La colonne prendra ses distances d'après les principes et par les moyens indiqués n° 218, en observant ce qui suit : Avant que le mouvement commence, le commandant du régiment enverra deux officiers se placer sur le prolongement des guides, un peu au delà des points où devront arriver la première et la dernière divisions de la colonne. L'adjudant du premier bataillon et celui du troisième, placés à côté du guide de la tête de chacun de ces bataillons, veilleront à ce que ce guide se dirige exactement sur l'officier placé en avant de lui.

Au troisième commandement, l'adjudant-major du premier bataillon se portera, à distance de peloton, en avant de la première division du deuxième bataillon, pour marquer le point où la troisième division de son bataillon devra être arrêtée. Le chef de la quatrième division, au moment où la colonne se mettra en marche, fera mettre trois files de droite et trois files de gauche en arrière, et il arrêtera sa division à l'instant où la troisième arrivera à hauteur de l'adjudant-major.

Le chef du deuxième bataillon, qui prend les distances en arrière, veillera à ce que le chef de la quatrième division fasse mettre les files en arrière, et ensuite commandera : *Demi-tour à droite.* Au commandement de *Marche*, les files marcheront en avant de la quatrième division, qui sera arrêtée au moment où la troisième s'arrêtera.

Dans le troisième bataillon, l'adjudant-major se portera d'avance à distance de peloton, en arrière du guide de la troisième division du deuxième bataillon, pour marquer le point où la première division de son bataillon devra être arrêtée.

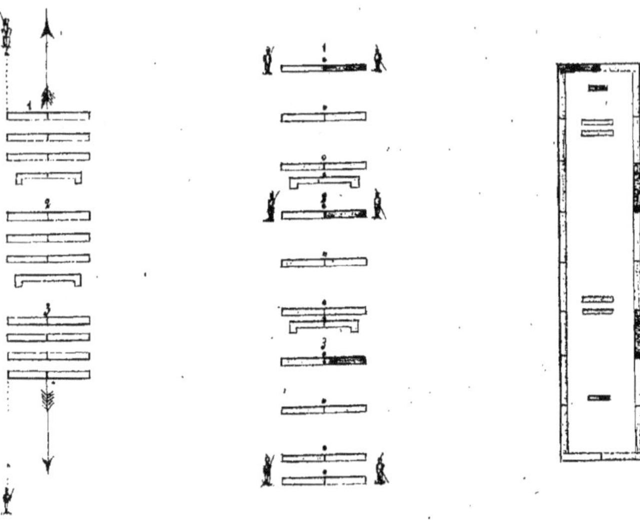

Formation du carré.

Si le commandant du régiment, au lieu de faire former le carré, ne veut que disposer la colonne pour exécuter ce mouvement au besoin, il fera prendre les distances par la tête de la colonne ; à cet effet, il commandera :

1° Pour former le carré ;

2° Par la tête de la colonne prenez distance de peloton ;

Ce mouvement s'exécutera comme il est prescrit n° 192 ; mais les divisions de réserve et celles qui se trouvent immédiatement en arrière d'elles, observeront ce qui suit : Au premier commandement, les chefs des divisions de réserve feront mettre trois files de droite et trois files de gauche en arrière ; ils feront ensuite leurs commandements d'avertissement assez tôt pour que chacune de ces divisions puisse être mise en marche en même temps que celle qui la précède.

Les chefs des divisions qui suivent immédiatement celles de réserve, feront le commandement de *Marche* au moment où il y aura distance de peloton entre leurs divisions et la troisième du bataillon qui précède le leur.

Les tambours se porteront derrière la seconde division de leur bataillon.

Dans une colonne la gauche en tête, ces divers mouvements s'exécuteront d'après les mêmes principes; les divisions de réserve seront les mêmes que dans une colonne la droite en tête.

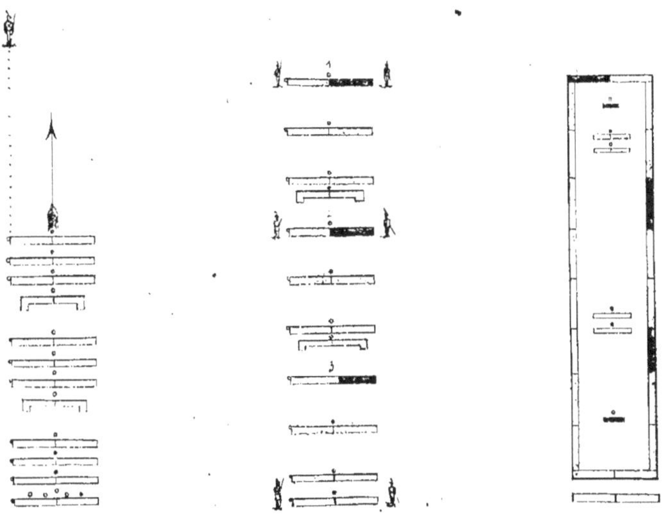

N° 64. CINQUIÈME PARTIE.

Une ligne de trois bataillons devant former un carré face à droite.

On fait précéder cette formation par quelques manœuvres en masse
(*Nota. On a supprimé pour tous ces mouvements le commandement de Pas accéléré—MARCHE.*)

1° Mouvement par bataillon ;
2° Colonne serrée par division, sur la première division la droite en tête en colonne (*fig. n° 1*).

1° Par bataillon à droite ;

Chaque chef de bataillon répétera ce commandement, et commandera : *Changement de direction par le flanc gauche*. (Le guide est à droite. (*Voyez Planche* **32**, *fig.* n° **2.**)

1° Par bataillons en masse sur le second bataillon, prenez vos distances ;

Le premier bataillon fait demi-tour et marche le guide à gauche ; le deuxième ne bouge pas ; le troisième prend sa distance, en conservant le guide à droite. L'intervalle d'un bataillon à l'autre est de l'étendue d'une division plus 6 pas. (*Fig.* n° **2.**)

1° Pour former le carré ;
2° Sur la première division du second bataillon prenez distance de peloton ;

On suivra les principes de la planche n° **62**, mais la distance qui sépare les masses étant plus étendue, l'adjudant-major mesurera ses distances sur la première division du deuxième bataillon, qui ne bouge pas.

La colonne dans ce cas prend le guide naturel. (*Fig.* n° **3.**)

1° Formez le carré (*fig. n° 4*).

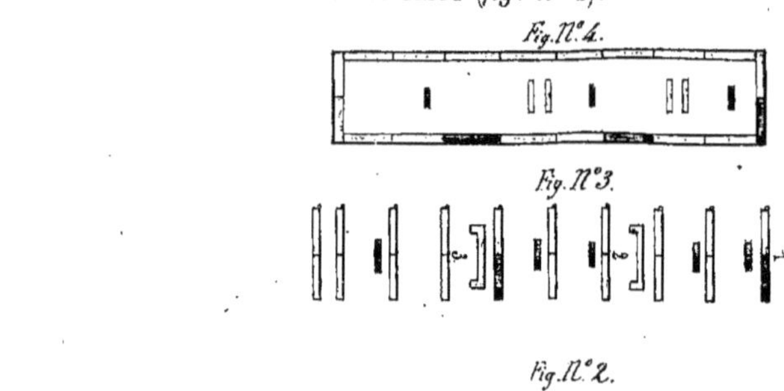
Fig. N° 4.
Fig. N° 3.

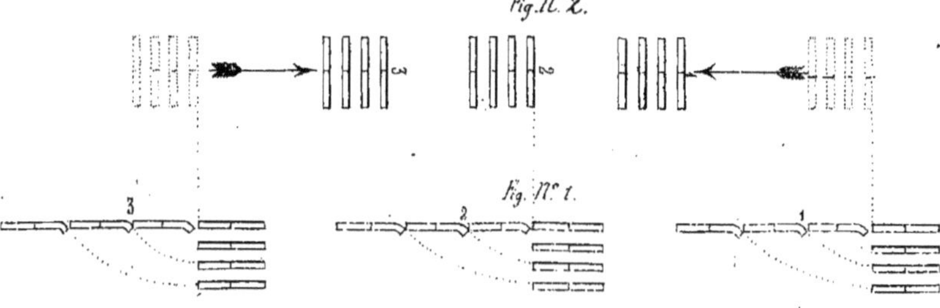
Fig. N° 2.
Fig. N° 1.

Étant en carré, former la colonne.

La colonne étant formée en carré, lorsque le commandant du régiment voudra la porter en avant, il commandera :

1° Formez la colonne ;
2° Pas accéléré = MARCHE ;

Au premier commandement, le chef de chacune des divisions de réserve commandera : *Dédoublez les sections.* A ce commandement, les chefs des sections extérieures qui ont doublé en arrière de celle du centre, feront les commandements et les mouvements préparatoires pour déployer sur les sections intérieures et au commandement de *MARCHE* du chef de bataillon, vivement répété par le chef de division, le mouvement s'exécutera.

Le chef de la seconde face commandera *à gauche,* et fera déboiter ; celui de la troisième *à droite,* et fera également déboiter. Le chef de la première commandera : *Division en avant guide à gauche ;* celui de la quatrième, *Face en tête,* et les réserves mettront les files en arrière.

Au deuxième commandement, le mouvement s'exécutera comme il est prescrit n° 722 de l'Ecole de Bataillon ; la première face se portant en avant, l'étendue du front d'un peloton ; la quatrième faisant face en tête, les serre-files de cette face restant en avant du premier rang. Les deuxième et troisième divisions faisant par file à gauche et par file à droite, et les réserves exécutant ce qui a été indiqué ci-dessus.

Cette colonne ainsi formée, marchera en avant ou en retraite, et restera disposée à former le carré.

Si, avant de former le carré, la colonne avait la gauche en tête, on la reformerait par les mêmes commandements et d'après les mêmes principes.

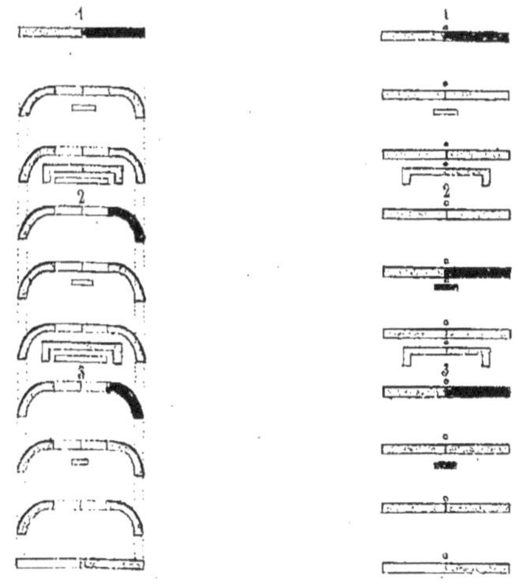

Former la colonne pour marcher en retraite.

Pour marcher en retraite, le commandant du régiment fera former la colonne par les commandements et les moyens qui sont indiqués dans la précédente planche.

La colonne étant formée, le commandant du régiment lui fera faire face par le troisième rang, par les commandements suivants :

1° Pour marcher en retraite ;
2° Face par le troisième rang ;

Ces commandements ayant été répétés, chaque chef de bataillon fera faire demi-tour. Les serre-files de la première division resteront devant le troisième rang de la première face, et ceux des autres divisions de la colonne passeront rapidement derrière le premier rang devenu troisième.

Les chefs des divisions de réserve, avant de leur faire faire demi-tour à droite, feront rentrer en lignes les files qui sont en arrière ; ils feront ensuite serrer leurs divisions en masse sur celles qui sont en avant d'elles, ce qui étant exécuté, ils mettront de nouveau des files en arrière.

Les tambours feront face par le troisième rang et resteront à la même place.

La colonne, ainsi disposée, marchera et formera le carré comme si elle faisait face par le premier rang. Lorsqu'on formera le carré, les chefs des divisions de réserve feront doubler les sections comme il est prescrit n° 886, planche n° 60.

Le carré étant formé par le troisième rang, on réformera la colonne pour la mettre en marche, d'après les principes prescrits n° 733 de l'École de Bataillon. Les chefs de divisions de réserve feront déboubler les sections, comme il est indiqué n° 910, et la colonne marchera en retraite : *Guide à droite.*

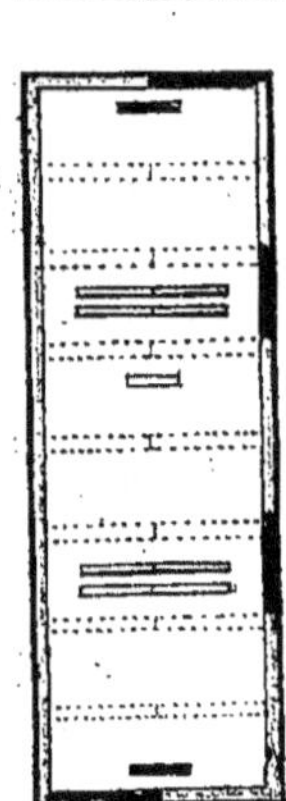

Rompre le carré.

On fera rompre un carré de plusieurs bataillons par les commandements et les moyens indiqués à l'École de Bataillon, n° 736 et suivants, mais en observant ce qui suit :

Au commandement de *MARCHE*, la première face se portera en avant ; son chef l'arrêtera lorsqu'elle aura parcouru l'étendue du front de *trois pelotons*, et l'alignera à gauche. Les divisions suivantes se porteront en avant, le guide à gauche, dès qu'elles seront réunies, et prendront successivement leur distance de peloton sur la première division déjà établie. Les serre-files de la quatrième face passeront vivement derrière le troisième rang, au commandement de : *Face par le premier rang*, du chef de la division.

1° Rompre le carré ;

2° Pas accéléré = MARCHE ;

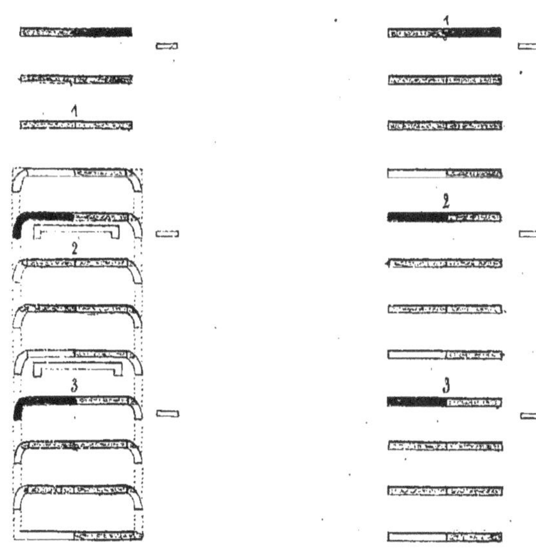

Former le carré sans prendre les distances.

Lorsqu'une colonne serrée en masse devra former le carré, elle commencera par prendre distance de peloton; mais, si elle est menacée par la cavalerie, sans qu'il lui reste assez de temps pour exécuter cette disposition, elle se formera comme il va être indiqué ci-après.

Le commandant du régiment commandera :

Colonne contre la cavalerie.

Ce commandement ayant été répété, les guides se porteront en serre-files, le chef de la division de la tête la préviendra qu'elle ne doit pas bouger, et passera derrière le troisième rang, le chef de la dernière division lui fera faire demi-tour à droite, et les serre-files passeront en même temps derrière le premier rang devenu troisième. Les files extérieures de ces deux divisions feront à droite et à gauche.

Dans toutes les autres divisions, chaque chef de peloton fera mettre à gauche ou à droite en bataille, le nombre des files nécessaires pour fermer la distance qui se trouve en avant de son peloton.

Les chefs de peloton de l'avant dernière division formeront en outre la distance qui sépare cette division de la dernière; à cet effet, ils feront appuyer à droite ou à gauche les premières files qu'ils mettront en bataille jusqu'à ce qu'elles joignent cette division. Les files de chaque peloton qui reste en colonne, appuieront contre les files qui se sont formées en bataille, afin de laisser un espace vide au milieu de la colonne.

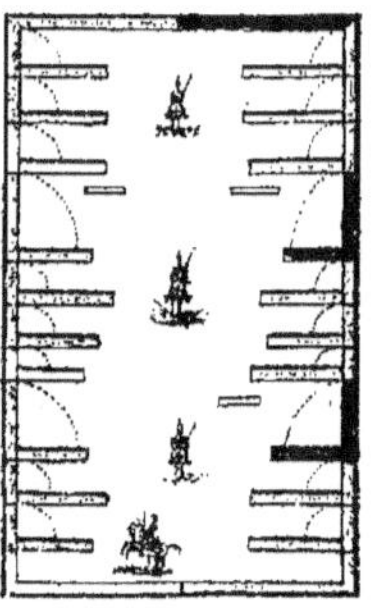

Batallons déployés devant former le carré.

Si la direction du carré doit être parallèle à la ligne de bataille, le commandant du régiment le fera rompre par division en arrière à droite, ou à gauche, et fera serrer ensuite la colonne à distance de peloton, sur telle division qu'il jugera convenable, d'après les principes prescrits.

1° Pour former le carré ;
2° Par division en arrière à droite ;
3° Pas accéléré = MARCHE.

(*Fig.* n° 1.)

1° Sur la première division du deuxième bataillon à distance de peloton, serrez la colonne ;
2° Pas accéléré = MARCHE.

(*Fig.* n° 2.)

1° Formez le carré ;
2° Pas accéléré = MARCHE.

(*Fig.* n° 3.)

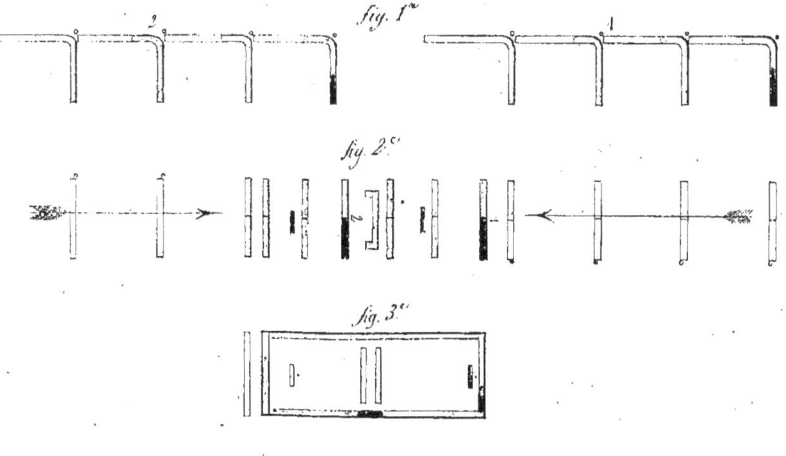

Ployer la ligne pour former le carré.

Si la direction du carré doit être perpendiculaire à la ligne de bataille, le commandant du régiment le fera ployer en colonne par division, à distance de peloton, mais de préférence sur la division de droite ou celle de gauche d'un bataillon; à cet effet, il commandera :

1° Pour former le carré ;
2° Colonne à distance de peloton par division ;
3° Sur la première division du second bataillon, la droite en tête en colonne ;
4° Pas accéléré = MARCHE ;

Les divisions de réserve prendront rang dans la colonne, à 3 pas de distance de celles qui sont immédiatement devant elles, et lorsqu'elles seront arrêtées, elles mettront les files en arrière.

La division qui prend rang dans la colonne, après la réserve, mesurera la distance de peloton, à partir de la division établie immédiatement avant celle de réserve. Le chef de la dernière division fera porter les serre-files devant le premier rang. On marchera ainsi en colonne, jusqu'à ce que le commandant en chef ait fait former et rompre le carré.

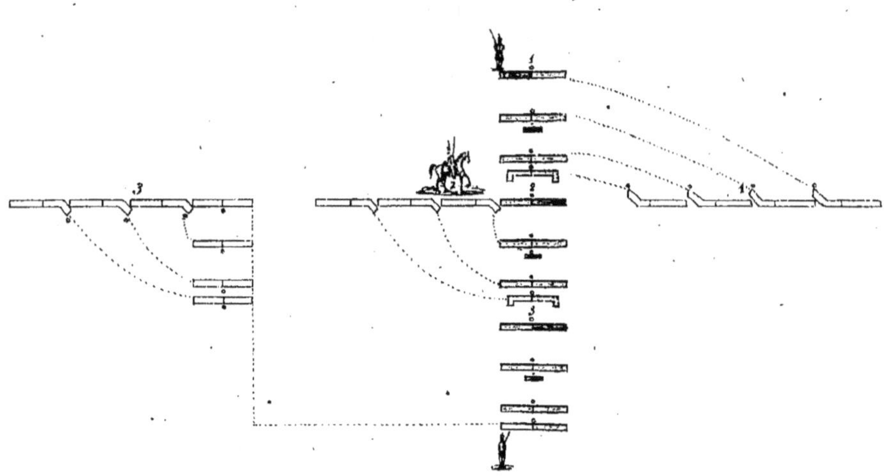

Nota. Si la ligne est composée d'un assez grand nombre de bataillons pour être partagée en plusieurs carrés, on disposera ces carrés par échelons. La distance entre chaque échelon sera telle, que les carrés étant formés, leur séparation soit de 50 à 60 pas. Cette règle est applicable à une colonne qui devrait être formée en plusieurs carrés. Si on veut former les échelons de pied ferme, soit sur le centre comme sur l'une des ailes, on opérera comme à la planche suivante.

Établir la ligne par échelons pour former les carrés.

On suppose que le commandant en chef veuille faire former les échelons sur le centre, il commandera :

1° Pour former les carrés;
2° Echelons par bataillon (ou par régiment) à (tant de) pas;
3° Sur tel bataillon (ou tel régiment) l'aile droite (ou gauche) en avant, formez les échelons;
4° Pas accéléré = MARCHE;

Nous supposons ici le deuxième bataillon base du mouvement; qu'on se forme l'aile droite en avant, et que la distance est de 50 pas. Au commandement de *MARCHE*, la portion de la ligne que doit former l'échelon base du mouvement ne bougera pas. Les autres échelons se mettront en marche tous en même temps, prenant la direction du côté de l'échelon base du mouvement, et, soit qu'ils se forment en avant ou en arrière, ils seront arrêtés par leurs chefs respectifs, à mesure qu'ils auront dépassé du nombre de pas indiqué l'échelon voisin du côté de celui de direction. Aussitôt que le mouvement commencera, l'échelon de direction formera le carré. Les échelons subordonnés feront de même dès qu'ils arriveront à la distance ordonnée.

La ligne pourrait être échelonnée, pour former le carré, avant d'être ployée en colonne; dans ce cas, chaque chef de bataillon exécutera comme s'il était seul dès qu'il sera à sa distance.

Dans cette planche, nous supposons que le commandant en chef a commandé d'abord : *Mouvement par bataillon, colonne à distance de peloton par division, sur la première division, la droite en tête en colonne.* Il pourrait aussi faire le commandement de : *Pour former le carré*, avant tous les autres commandements.

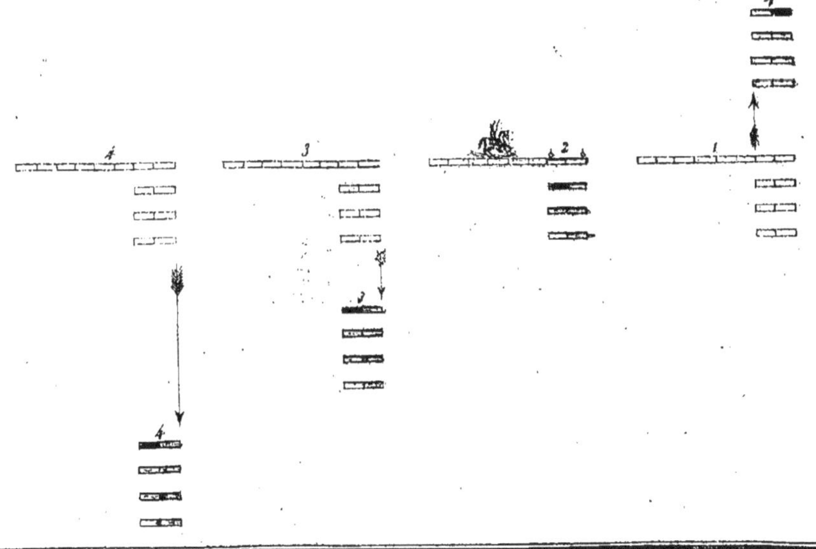

Echelonner les carrés.

Une colonne qui devra être divisée en plusieurs carrés, s'échelonnera d'après les principes prescrits dans la planche précédente. La portion qui doit former l'échelon base du mouvement, ne bougera pas, et les autres se porteront à droite ou à gauche, à la distance qui aura été fixée par le commandant en chef, soit en marchant par le flanc, soit en déboitant de la colonne par une *conversion*. Ce dernier moyen ne s'exécuterait que si les distances étaient très-éloignées.

Dans cette planche, nous supposons les échelons à 50 pas; les bataillons prendront donc leur distance à droite ou à gauche de celui de direction, et marcheront ensuite 50 pas en avant ou en arrière de celui qui a déjà sa position.

1° Pour former les carrés ;
2° Echelons par bataillon à cinquante pas ;
3° Sur le deuxième bataillon l'aile droite en avant, formez les échelons ;
4° Pas accéléré = MARCHE ;

Pour reformer la colonne, on fera les commandements prescrits à la planche n° 33, et, dans ce cas, les bataillons ayant une grande séparation, pourront être dirigés diagonalement vers le point où ils doivent prendre rang dans la colonne (501 *Evolutions de Ligne*).

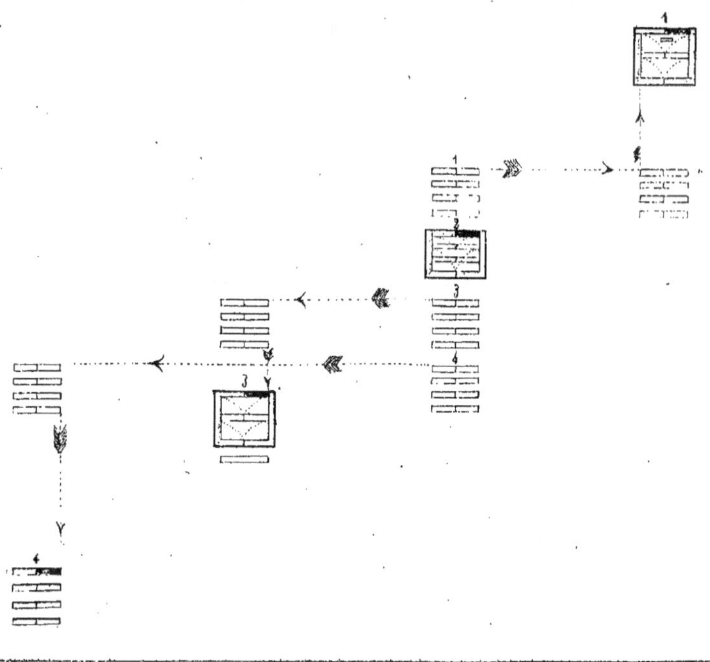

Carrés obliques.

Lorsqu'une ligne sera menacée par la cavalerie, sans qu'il reste assez de temps pour former des carrés disposés en échelons, elle se formera en carrés obliques par bataillon, de la manière suivante. Le commandant en chef commandera :

1° Carrés obliques par bataillon ;

2° Sur la première division, formez le carré ;

Au second commandement, l'adjudant-major de chaque bataillon tracera l'alignement de la première division de la manière suivante : Il se placera devant et contre la file de droite de cette division ; fera face à gauche ; marchera 12 pas le long du premier rang ; s'arrêtera ; fera à droite, marchera 12 pas perpendiculairement en avant ; s'arrêtera de nouveau ; fera face à droite et placera un jalonneur au point où il se sera arrêté. Le sous-officier de remplacement du premier peloton se portera en même temps devant l'homme de droite ; fera face à gauche et conformera la direction de ses épaules à celles du jalonneur placé par l'adjudant-major. Ces jalonneurs étant établis, l'adjudant-major en placera un troisième sur le même alignement, au point où devra s'arrêter la gauche de la division. Le chef de la première division la portera aussitôt, par une conversion à droite à pivot fixe, sur la direction tracée et l'alignera à gauche. Pendant que ces dispositions se feront, le chef de bataillon fera ployer son bataillon en colonne, à distance de peloton, en arrière de la première division. Le chef de la seconde division, au lieu de faire déboîter en arrière les files de droite, au commandement de *MARCHE*, les fera déboîter en avant par file à gauche ; arrivé au point où il devra s'arrêter de sa personne, il fera converser sa division par file à droite en la dirigeant parallèlement à la première division, et l'alignera à gauche. La troisième et la quatrième déboîteront légèrement en arrière et se conformeront à ce qui a été prescrit pour la deuxième. Dès que la colonne sera formée, son chef lui fera former le carré.

On formera les carrés obliques sur la quatrième division, par les mêmes principes et les moyens inverses.

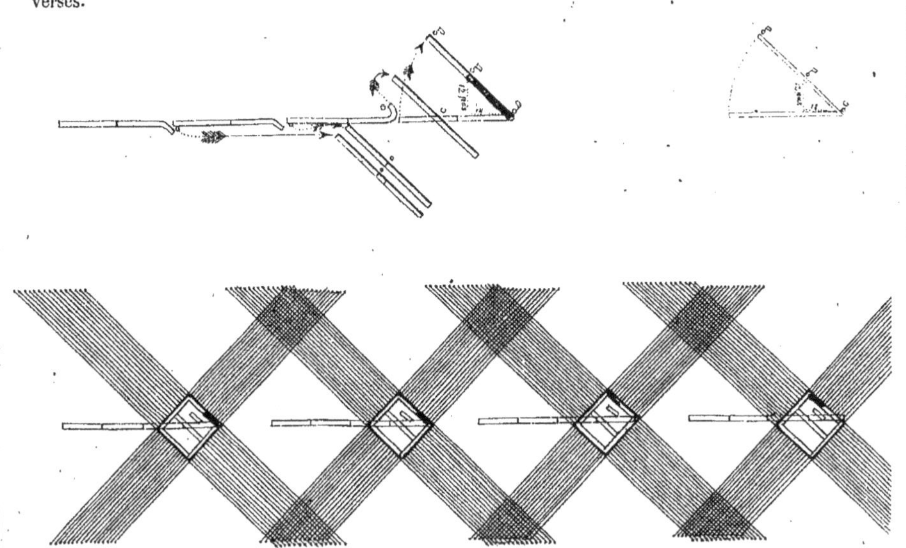

Une ligne de bataillons en colonnes se formant en carrés obliques.

On a supposé dans l'exemple précédent que la ligne était déployée ; mais si elle est formée de bataillons en colonnes, on établira l'obliquité en faisant exécuter à chaque bataillon un changement de direction par le flanc de la colonne ; on commandera :

1° Pour former les carrés obliques par bataillon ;

2° Changement de direction par le flanc droit (ou le flanc gauche);

Au second commandement, l'adjudant-major de chaque bataillon tracera la nouvelle direction de la manière suivante : Il placera devant la file de droite, ou la file de gauche de la division de la tête, deux jalonneurs R S et un troisième P sur le prolongement de ceux-ci, du côté où le changement de direction devra se faire, et à 12 pas du flanc de la colonne. Il se placera en avant de ce jalonneur, marchera 12 pas perpendiculairement en avant, s'arrêtera et achèvera de tracer la nouvelle direction, en plaçant un jalonneur O faisant face au jalonneur S en conformant la direction de ses épaules au degré d'obliquité établi ; enfin, un dernier jalonneur Z sur le prolongement de la direction, au point où devra s'arrêter la gauche ou la droite de la division. Pendant que ceci s'exécutera, le chef de bataillon fera les commandements et les dispositions préparatoires pour un changement de direction par le flanc, et le fera exécuter aussitôt que la nouvelle direction sera tracée. Le changement de direction achevé, il fera former le carré.

Si la colonne était serrée ou à distance entière, on lui ferait prendre demi-distance avant le premier commandement de la formation des carrés.

Dans le premier cas, on doit faire prendre les distances par la tête de la colonne, n° 209 Ecole de Bataillon, et dans le second cas on doit serrer à distance de peloton sur la première division, n° 207 Ecole de Bataillon.

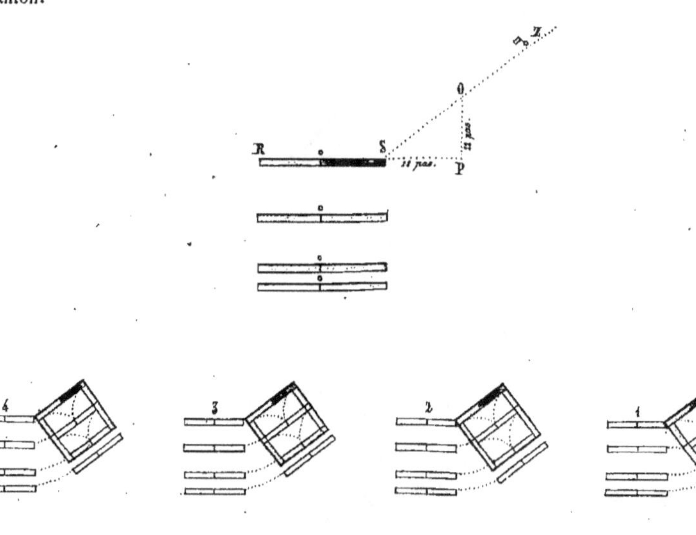

Reformer la ligne.

La ligne étant disposée en carrés obliques, lorsque le commandant en chef voudra la reformer, il fera rompre les carrés ; à cet effet, il commandera :

Rompez les carrés ;

A ce commandement vivement répété, chaque chef de bataillon fera rompre le carré. Pendant que ce mouvement s'exécutera, le commandant en chef se portera à 50 pas en avant du bataillon qu'il jugera le plus convenablement placé pour être bataillon de direction ; on suppose que ce soit le troisième ; il placera deux jalonneurs dans la direction qu'il voudra donner à la ligne, et dès qu'ils seront établis, il commandera :

1° Troisième bataillon de direction ;

2° Guides = sur la ligne ;

Ces deux commandements ayant été répétés, l'adjudant-major de chaque bataillon se détachera avec deux jalonneurs qu'il établira sur le prolongement de ceux placés par le commandant en chef, en conservant son intervalle du côté du bataillon de direction. A mesure que les jalonneurs seront établis devant le front de chaque bataillon, le chef de bataillon commandera : 1° *Colonne en avant ;* 2° *Guide à droite ;* 3° *Tête de colonne à gauche ;* 4° *Pas accéléré, MARCHE.* A ce commandement, le bataillon se mettra en mouvement ; la première division conversera à gauche et se dirigera de manière à arriver carrément sur la ligne de bataille ; lorsqu'elle sera à 3 pas de cette ligne, le chef de bataillon arrêtera le bataillon, et si quelque division n'est pas encore sur la nouvelle direction, elle s'y portera promptement. Le bataillon étant arrêté, le chef de bataillon l'alignera du côté du bataillon de direction.

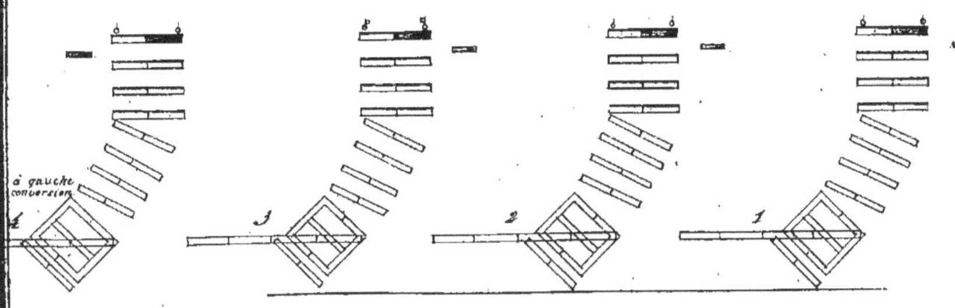

1° Colonne en avant. 2° Guides à gauche. 3° Tête de colonne à droite. 4° Pas accéléré — Marche.

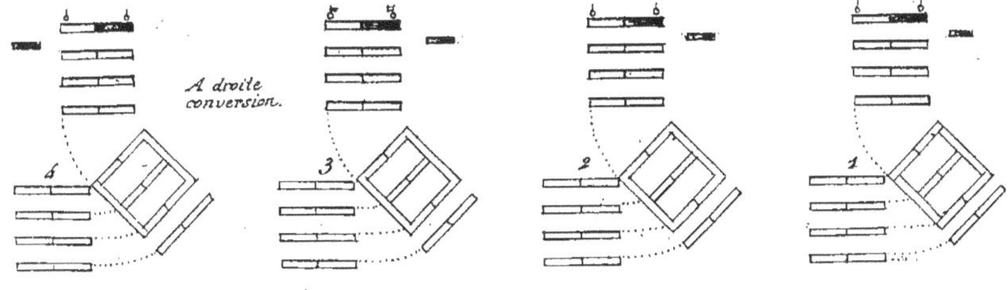

N° 76. **Carré de Mgr le duc d'Orléans.**

La colonne est serrée en masse. Le premier bataillon prend sa distance de subdivision, plus 6 pas, et exécute la contre-marche ; le deuxième fait un changement de direction par le flanc droit ; le troisième, un changement de direction par le flanc gauche, en établissant les jalonneurs en face de ceux du deuxième ; le quatrième bataillon ferme le carré en marchant en avant et prenant le guide à gauche (*Fig.* n° 1).

Rompre le carré.

Le premier bataillon serre en masse sur le deuxième et exécute la contre-marche ; le deuxième bataillon fait un changement de direction par le flanc gauche ; le troisième change de direction par le flanc droit ; le quatrième fait demi-tour, revient à sa première position et se remet face en tête (*Fig.* n° 2).

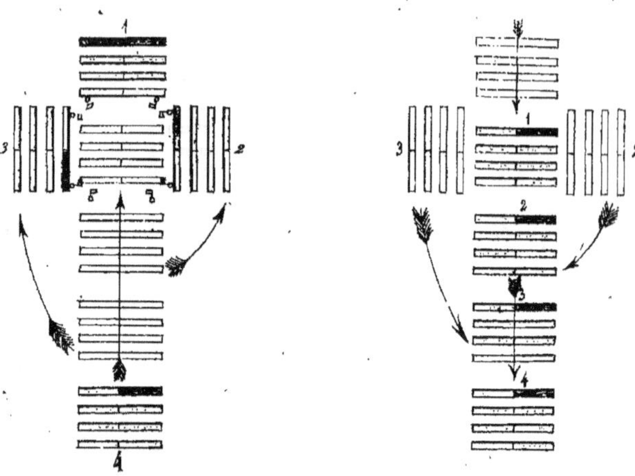

Par bataillon en masse sur le deuxième bataillon, formez le carré.

Le deuxième bataillon ne bouge pas ; le premier change de direction par le flanc droit et vient former la deuxième face du carré. Le troisième bataillon change de direction par le flanc gauche et vient former la troisième face, et le quatrième bataillon se dirige, guide à gauche, sur l'emplacement de la quatrième face, en exécutant de légères conversions à droite (*Fig.* n° 1).

Rompre le carré.

Le deuxième bataillon ne bouge pas, le premier bataillon, pour reprendre sa position, fait demi-tour; marche pour rejoindre la droite de sa place de bataille; est arrêté, remis face en tête, et exécute un changement de direction par le flanc gauche. Le troisième bataillon reprend sa distance, comme le premier, et change de direction par le flanc droit. Le chef du quatrième bataillon commande : *Bataillon, droite ;* il marche carrément devant la ligne et gagne la gauche de sa place de bataille ; là, le chef de bataillon commande : *Bataillon,—HALTE,— Front,—Changement de direction, par le flanc droit,— Bataillon, droite*, etc. Avant que ce mouvement soit achevé, le chef de bataillon fait placer de nouveaux jalonneurs et fait exécuter tout de suite un second changement de direction par le flanc droit (*Fig.* n° 2).

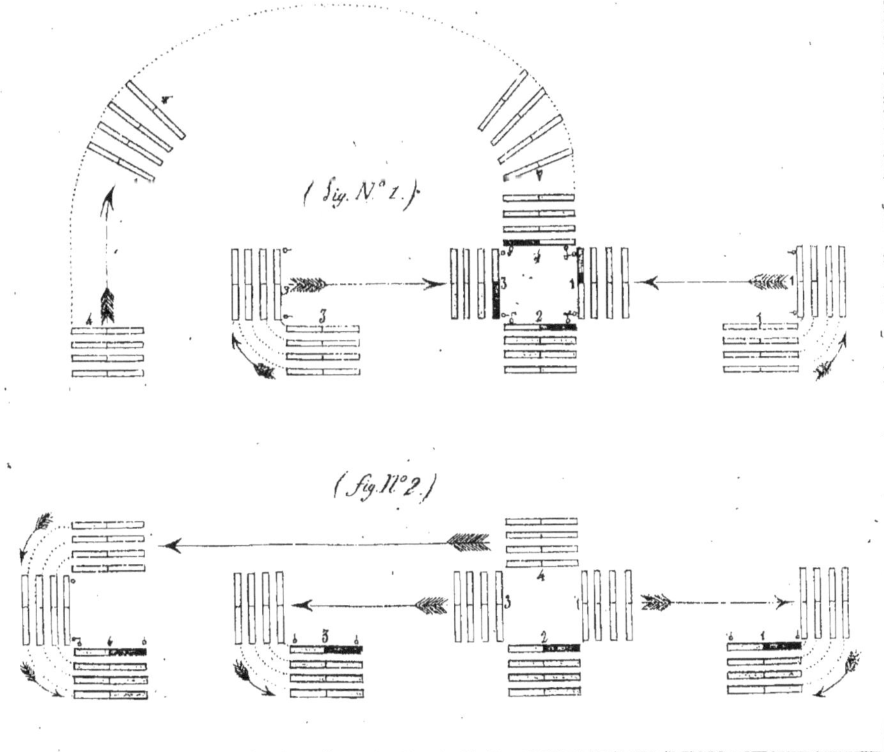

N° 78.

Carré Schramm.

Le deuxième bataillon rectifie son alignement et ne bouge pas ; le premier bataillon change de front en arrière sur son huitième peloton ; le troisième bataillon rompt par peloton en arrière à droite, change de direction à droite et se porte ainsi à la gauche de la quatrième face, serre en masse et se déploie sur les grenadiers; le quatrième bataillon rompt par peloton en arrière à droite, marche en colonne et vient serrer, à demi-distance, en face la droite de la troisième face, et se déploie face en arrière en bataille (*Fig.* n° 1).

Rompre le carré.

Le deuxième bataillon ne bouge pas ; le premier change de front en avant sur son huitième peloton ; le troisième rompt par peloton à droite, marche en avant 24 pas, change de direction à droite pour gagner la droite de sa place de bataille, serré en masse et se déploie sur les grenadiers. Le chef du quatrième bataillon préviendra son premier peloton de marcher droit devant lui, l'étendue du front d'une division, en la faisant obliquer à gauche pour démasquer la ligne de bataille; il fera rompre son bataillon par peloton à droite, le mettra en marche pour gagner son ancienne place, et se formera sur la droite en bataille (*Fig.* n° 2).

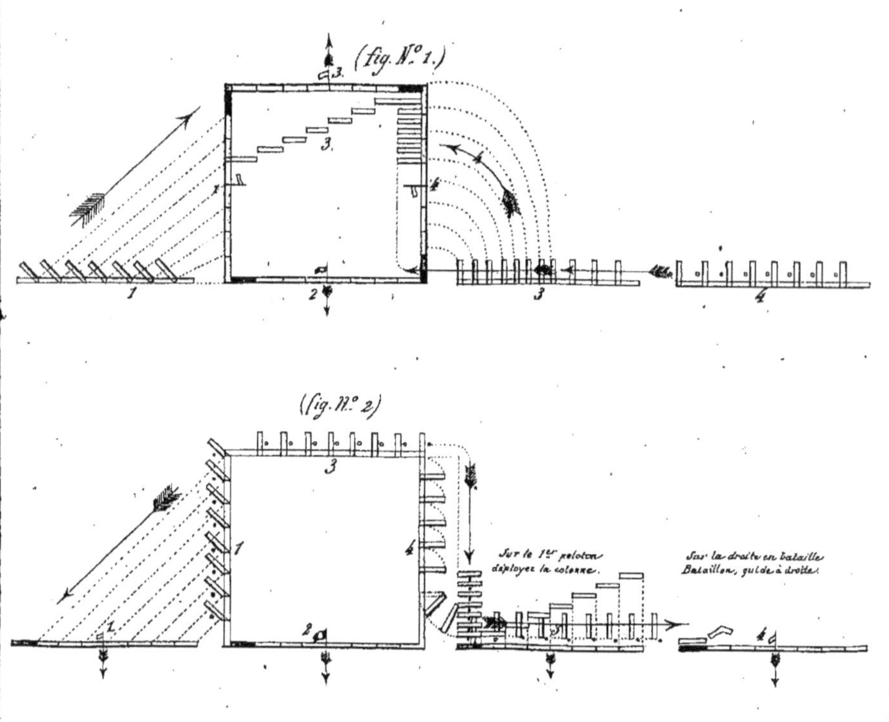

Pour défiler.

Le commandant en chef fera rompre par peloton ou par division, et commandera :

1° Pour défiler ;

Ce commandement ayant été répété, les musiciens et les tambours se porteront à la tête de la colonne.

2° Colonne en avant guide à droite (ou guide à gauche) ;
3° Pas accéléré = MARCHE ;

Si la colonne est composée de plusieurs régiments, ils prendront en marchant environ 60 pas de distance de l'un à l'autre.

Si la distance est longue, on pourra marcher l'arme sur l'épaule droite, mais tous les bataillons de la colonne porteront les armes, au commandement de leurs chefs respectifs, à mesure qu'ils arriveront à cinquante pas de la personne à qui on rendra les honneurs.

Les colonels défileront à 6 pas en avant du chef de la première subdivision, ayant le lieutenant-colonel et le chef de bataillon de la tête près d'eux, du côté opposé à la personne à qui on rendra les honneurs. Le chef du second bataillon défilera à 4 pas en avant du chef de sa première subdivision.

Les adjudants défileront à 6 pas du flanc de la colonne, du côté opposé à la personne à qui on rendra les honneurs.

Si pour défiler, la colonne était en masse, le commandant en chef commanderait :

1° Pour défiler guide à droite (ou à gauche) ;
2° Par la tête de la colonne, prenez les distances ;

Ce commandement ayant été répété, le chef de la première subdivision commandera : *Division, en avant, guide à droite, Pas accéléré — MARCHE.*

Les chefs des divisions suivantes feront le même commandement, et les mettront successivement en marche dès qu'elles auront leur distance.

Les officiers supérieurs salueront de l'épée, et les chefs de division défileront au port de l'épée ou du sabre.

N° 80. **Pour défiler par le centre.**

(Quoique cette manière de défiler ne soit pas dans le réglement, la situation du terrain exige souvent qu'elle soit mise en usage.)

Une colonne par division la gauche en tête, devant défiler par la tête de la colonne, le commandant en chef commandera :

1° Pour défiler la droite en tête = Ouvrez les divisions ;

Ce commandement ayant été répété, les chefs de bataillon feront sortir les guides de droite et de gauche, deux pas en dehors de la colonne, et commanderont : *Bataillon à gauche et à droite.*

2° Pas accéléré = MARCHE ;

A ce commandement vivement répété, les chefs de peloton laisseront filer leur peloton, arrêteront et aligneront sur les guides établis. La première division du premier bataillon ne bougera pas.

3° Colonne en avant guide à droite (ou guide à gauche) ;

4° Pas accéléré = MARCHE ;

A ce commandement répété, la première division se mettra en marche, et dès qu'elle aura dépassé la deuxième, celle-ci fera à droite et à gauche, se rejoindra par le flanc et se mettra en marche, en prenant sa distance sur la première. Les divisions exécuteront successivement ce mouvement, si la colonne est à distance entière, les pelotons doivent se rejoindre par le pas oblique.

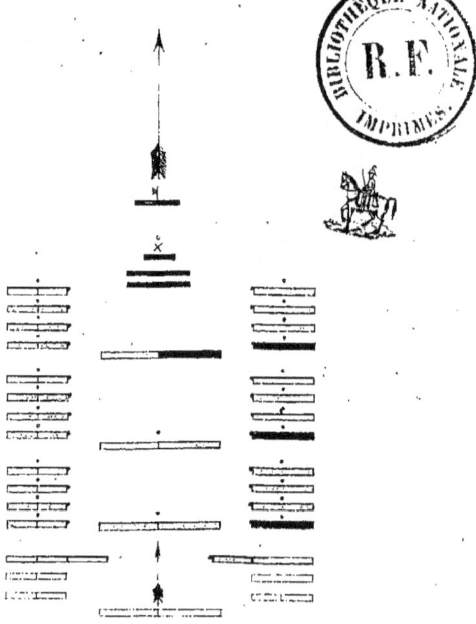

www.ingramcontent.com/pod-product-compliance
Lightning Source LLC
LaVergne TN
LVHW020352230826
846091LV00003B/1077

* 9 7 8 2 0 1 6 1 4 5 2 1 0 *